友野隆成
Takanari Tomono

あいまいさへの非寛容と精神的健康の心理学

Psychology of
Intolerance of Ambiguity
and Mental Health

ナカニシヤ出版

まえがき

　我々は，はっきりしない，ぼんやりした，答えがすぐには出てこないような，あいまいなこと・ものに囲まれて日常生活を送っている。我々人類の行く末はどのようになるのか，という非常に壮大で長期的な話から，今日の夕食はいったい何が出てくるのか，○○さんは私のことどう思っているのだろうか，などといったような目先の話まで，あいまいさは色々なところに存在している。また，一般的に欧米の言語に比べて日本語はあいまいな言語だと考えられており，断定を避ける表現がとりわけ問題とされている。そもそも，あいまいさという言葉自体が，非常にあいまいであるといっても過言ではないかもしれない。

　あいまいさは，その人の捉え方ひとつで，脅威になったりならなかったりする。あいまいさが気になるのか気にならないのか，しんどいのかしんどくないのか，好きなのか嫌いなのか，など，あいまいさに対する捉え方の個人差を表す概念に，あいまいさ耐性（Ambiguity tolerance）がある。また，この耐性が低いことを，あいまいさへの非寛容（Intolerance of ambiguity）という。この概念は，Frenkel-Brunswik（1949）が一連の権威主義パーソナリティの研究において，面接で観察された権威主義者の特徴をパーソナリティ特性として提唱したものである。

　本書は，数あるあいまいさの中から，特に対人関係に関するあいまいさに焦点を絞り，それにどの程度耐えられるかが精神的健康にどのように関連するかについて，大学生および短期大学生男女約2,000名を対象に実証的に検討したものであり，全体で5章から成り立っている。

　第1章では，あいまいさへの非寛容尺度ならびにあいまいさへの非寛容と精神的健康との関連性について，(1) 測定尺度の不備の問題，(2) 心理的ストレスモデルの適用に関する問題，(3) 素因ストレスモデルの適用に関する問題，という3つの観点からの問題提起をおこない，検討すべき課題を整理した。

　第2章では，まず既存のあいまいさへの非寛容尺度の問題点を指摘し，因子構造の妥当性に関する統計的不備を実証した（研究1）。そして，そのことを踏

まえて対人場面に限定した新しいあいまいさへの非寛容尺度を作成した（研究2, 3）。その結果，信頼性および妥当性を兼ね備えた尺度である IIAS-R が作成された。

第3章では，心理的ストレスモデルを用いて，あいまいさへの非寛容が特性的認知的評価およびストレスコーピングに与える影響を，ストレス状況ごとに検討した（研究4）。そして，あいまいさへの非寛容が特性的認知的評価および特性的対人ストレスコーピングを媒介因として，精神的健康の指標であるストレス反応とハピネスに与える影響をそれぞれ検討した（研究5）。さらに，あいまいさへの非寛容が状況的認知的評価および状況的対人ストレスコーピングを媒介因として，ストレス反応とハピネスに与える影響をそれぞれ検討した（研究6）。その結果，あいまいさへの非寛容は不適切なコーピングをおこなうことによって，精神的健康に悪影響を与えることが示された。しかし，あいまいさへの非寛容が影響を与える結果変数が男女で異なること，特性的アプローチではコーピングが媒介するが状況的アプローチではコーピングが媒介しないこと，認知的評価，コーピングおよび精神的健康間で複雑多岐なパスがみられることなど，その関連性は単純ではないことも示された。

第4章では，あいまいさへの非寛容を認知的脆弱性と捉え，素因ストレスモデルを用いて，対人的ストレッサーを経験した場合の抑うつ，ストレス反応，そしてハピネスに与える影響をそれぞれ検討した（研究7, 8）。さらに，対人的ストレッサー以外の領域が限定されていない全般的ストレッサーを経験した場合のストレス反応とハピネスに与える影響もそれぞれ検討した（研究9）。その結果，対人場面におけるあいまいさへの非寛容が精神的不健康に対する認知的脆弱性となり得ることを示していた。ただし，その関連性は性別によって影響を与える結果変数が異なる，性別および結果変数によって交互作用のパターンが異なるなど，極めて複雑であることも示された。

そして，最終第5章では，本書で検討された研究の成果と限界について述べた。まず，先行研究とは異なった観点から作成された IIAS-R の意義，および調査対象者がいずれも大学生および短期大学生のみであったことに起因する IIAS-R の適用範囲の限界を挙げ，大学生以外の成人を中心とした他の年齢層，さらには臨床現場における IIAS-R の適用可能性の検討が必要であること

を指摘した。次に，あいまいさへの非寛容と精神的不健康との結びつきが，心理的ストレスモデルおよび素因ストレスモデルの両方において見いだされたことを挙げ，前者では特性的コーピングと状況的コーピングの差異や因果関係の特定，後者ではポジティブイベントの効果についてさらなる検討が必要であることを提起した。最後に，あいまいさへの非寛容研究の展望に関し，あいまいさへの非寛容の形成因として両親の養育態度から論じ，さらに臨床的応用の立場から社会的スキルトレーニングや認知行動療法によるあいまいさへの非寛容への介入可能性を探り，結びとしてあいまいさへの非寛容概念のさらなる精緻化，という3つの視点から本論文全体のまとめをおこなった。本研究で得られたものも含め，あいまいさへの非寛容と精神的健康に関する知見は国内外を通じてそれほど多くないことを踏まえ，今後さらなる詳細な検討をおこなうことで，あいまいさへの非寛容と精神的健康との複雑な関連性を整理することの必要性を指摘した。

　本書の刊行には，大きく分けて2つの学術的な意義があると考えられる。第1に，パーソナリティ心理学の発展に対する貢献が挙げられる。本書は，あいまいさへの非寛容と精神的健康についての実証研究を系統的に実施しまとめられたものであるため，パーソナリティ心理学の発展に対して大きな意味をもつと考えられる。本書により，本邦における系統的なあいまいさへの非寛容研究の触発が期待される。第2に，臨床現場における実践に対する貢献が挙げられる。本書によって実証的に明らかにされた，あいまいさへの非寛容が精神的不健康につながるという知見は，日常生活における軽い精神的な不調を訴える健常者から，入院治療が必要となる重篤な精神疾患に罹患した患者に至るまで，それぞれの精神的健康を回復・維持・増進するための方略を考える際に重要な示唆を与えるものであると考えられる。

　以上を踏まえ，本書によって読者の方々にあいまいな現代社会を生き抜く指針となるような知見を提供することができれば，著者として望外の喜びである。

目　　次

まえがき　i

第1章　あいまいさへの非寛容研究の展開と問題提起 ─── 1
第1節　あいまいさへの非寛容研究の経緯　1
1. あいまいさへの非寛容の源流　1
2. あいまいさへの非寛容の実験研究　2
3. あいまいさへの非寛容の質問紙研究　2

第2節　あいまいさへの非寛容研究の諸問題　3
1. 測定尺度に関する問題　4
2. 心理的ストレスモデルに関する問題　4
3. 素因ストレスモデルに関する問題　6

第3節　本書の目的と構成　8

第2章　あいまいさへの非寛容概念の整理と尺度構成の試み ─── 11
第1節　本章で検討する問題　11
1. 既存の尺度の再検討　11
2. 尺度構成　12

第2節　MAT-50の因子構造（研究1）　13
第3節　IIASの作成（研究2）　17
第4節　IIAS-Rの作成（研究3）　27
第5節　まとめ　36

第3章　あいまいさへの非寛容とストレスコーピング ─── 39
第1節　本章で検討する問題　39
1. 包括的コーピングとイベント特定コーピング　39
2. 特性的コーピングと状況的コーピング　41
3. コーピングの性差　42

第2節　あいまいさへの非寛容と特性的認知的評価・ストレスコーピングとの関連性（研究4）　43
第3節　あいまいさへの非寛容と特性的対人ストレスコーピングとの関連性（研究5）　52

第4節　あいまいさへの非寛容と状況的対人ストレスコーピングとの関連性
　　　　　（研究6）　60
　　第5節　まとめ　65

第4章　認知的脆弱性としてのあいまいさへの非寛容ーーーーーー 67
　　第1節　本章で検討する問題　67
　　　　　1. 領域合致仮説について　67
　　　　　2. 素因ストレスモデルにおける性差　68
　　　　　3. 精神的健康について　69
　　第2節　抑うつへの影響（研究7）　70
　　第3節　ストレス反応・ハピネスへの影響ー対人的ストレッサーの場合ー
　　　　　（研究8）　77
　　第4節　ストレス反応・ハピネスへの影響ー全般的ストレッサーの場合ー
　　　　　（研究9）　86
　　第5節　まとめ　94

第5章　全体的まとめと展望ーーーーーーーーーーーーーーーーー 97
　　第1節　本研究の成果と限界　97
　　　　　1. あいまいさへの非寛容尺度について　97
　　　　　2. ストレスコーピングについて　98
　　　　　3. 素因ストレスモデルについて　99
　　第2節　あいまいさへの非寛容研究の展望　100
　　　　　1. あいまいさへの非寛容の形成因について　100
　　　　　2. あいまいさへの非寛容への介入について　101
　　　　　3. あいまいさへの非寛容概念のさらなる精緻化について　103

　　引用文献　107
　　索　　引　115
　　あとがき　125

あいまいさへの非寛容と精神的健康の心理学

友野隆成

Psychology of Intolerance of Ambiguity and Mental Health
By T. Tomono
Nakanishiya Publishing

第1章
あいまいさへの非寛容研究の展開と問題提起

 本章では，まずパーソナリティ研究におけるあいまいさへの非寛容研究を源流から簡単に概観する。次に，あいまいさへの非寛容を測定するうえで，これまで十分に検討されてこなかった尺度構成の問題提起をおこなう。そのうえで，あいまいさへの非寛容と精神的健康との関連性に関わる諸問題を概観し，検討すべき課題を整理する。そして，これらの検討課題を実証した次章以降の研究への導入をおこなう。

第1節 あいまいさへの非寛容研究の経緯

1. あいまいさへの非寛容の源流

 21世紀を迎えて15年以上が経過した現代社会は，20世紀末から続く混沌，不透明，不確実な社会である。先行きの見えないあいまいな現代社会に生きる我々にとって，あいまいさをどのように捉えるかがその個人の適応に関わってくると考えられる。あいまいさは，一般に不快なものであると考えられている。なぜなら，事態の正確な予測が不可能になることで，不都合な状況からの回避やコントロールが困難になるからである（増田, 1998）。よって，あいまいさは我々にとって脅威となり得よう。一方，「あいまいさは，その人が自分の個人的な気質・性向や信条，または経験に基づいた意味づけをするという意味では投影法的な状況を作り出す」と，Lazarus & Folkman（1984/邦訳, 1991）は述べている。つまり，一概にあいまいさが脅威になるというわけではなく，あいまいさの捉え方にその個人の主観的な要因が大きく影響し，あいまいさを脅威と捉える個人もいれば，脅威と捉えない個人も存在する，という考え方もあるということである。

 あいまいさを脅威と捉えるかどうかに関する個人差を表す概念として，あ

いまいさへの非寛容（intolerance of ambiguity）が挙げられる。この概念は，Frenkel-Brunswik（1949）が一連の権威主義パーソナリティの研究において，面接を通して観察された権威主義者の特徴をパーソナリティ特性として概念化したものであり，「評価的側面において，白か黒か式の解決に頼り，時期尚早な結論に達し，たびたび現実を無視し，そして他者への絶対的で明白な包括的受容あるいは包括的拒絶を要求する傾向」と定義されている。さらにその後Frenkel-Brunswik（1954）により，「対称性，熟知性，明確さ，規則性に対する過度の好み，白か黒か式の解決，過度に単純化された二分化，あれかこれかという無条件の解決，早すぎる終結，固執，ステレオタイプの傾向」と再定義されている。

2. あいまいさへの非寛容の実験研究

その後，あいまいさへの非寛容は多くの研究者達の関心をひき，主に知覚心理学的な手法を用いた実験的測定によって検討がおこなわれてきた。それらの研究の多くでは，あいまいな刺激を呈示し，それに対する反応が速いほど，その個人はあいまいさに非寛容である，という操作的定義がなされていた。例えば，Block & Block（1951）やMillon（1957）は，自動運動を刺激とし，光点の移動距離を判断させて判断基準の形成をさせるという実験をおこなった。また，Martin（1954）は，単純な対称図形と複雑な非対称図形を刺激とし，どの図形を好むかというFigure preference testを実施した。しかし，Kenny & Ginsberg（1958）がそれらの測定手法相互の関係を検討した結果，多くの指標間で相関はみられず，このことからあいまいさへの非寛容についての様々な定義や測定法の間に不一致があることが明らかになった。

3. あいまいさへの非寛容の質問紙研究

Kenny & Ginsberg（1958）の指摘の後，あいまいさへの非寛容に関する研究は拡散の一途を辿ることになるが，ひとつの方向性として質問紙であいまいさへの非寛容を測定しようとする試みがなされるようになっていった。その先駆けとなったのが，Budner（1962）によるあいまいさへの非寛容の構成概念の見直しおよび再定義である。Budnerはあいまいさに非寛容であることを，「あい

まいな事態を恐れの源泉として知覚（解釈）する傾向」と定義した。そしてあいまいさを，「十分な手がかりがないために，適切な構造化や分類化ができない状態」と定義し，この事態には「(1) 手がかりがまったくない完全に新しい状況，(2) 手がかりがたくさんありすぎる複雑な状況，(3) 手がかりが異なった事態を招くような矛盾した状況」があると考えた。この3つの状況は，それぞれ「新奇性 (novelty)，複雑性 (complexity)，不可解性 (insolubility)」と名づけられた。さらに，これらの状況に対して抑圧，否認，不安，不快，破壊行動，再構築行動，回避行動を示した場合，その個人はあいまいさに非寛容であると考えた。そしてこの再定義をもとにして，最初のあいまいさへの非寛容尺度である The scale of tolerance-intolerance of ambiguity (Budner, 1962) が作成された。この尺度は信頼性および妥当性に問題があったが，その後のあいまいさへの非寛容尺度開発の礎となった。

以後，Rydell & Rosen (1966) による Rydell-Rosen Scale，MacDonald (1970) による The 20-item ambiguity tolerance test などの，あいまいさへの非寛容尺度が作成された。しかし，これらの尺度は Norton (1975) により，内的整合性の不十分さ，適切な妥当性の根拠の欠如などが指摘されている。そこで Norton は，Budner (1962) によるあいまいさの定義を拡張し，上述の尺度の問題点を考慮して，The Measure of Ambiguity Tolerance (MAT-50) を作成した。この尺度は，我が国でも今川 (1981) によって日本語版の検討がなされ，信頼性と妥当性を兼ね備えた尺度であり，これまで作成されたあいまいさへの非寛容尺度の中で最も信頼できるものであるとされている。その後 McLain (1993) による the Multiple Stimulus Types Ambiguity Tolerance (MSTAT-Ⅰ) や，その改訂版である MSTAT-Ⅱ (McLain, 2009) なども開発されたが，MAT-50 ほどの評価は得られていない。

第2節　あいまいさへの非寛容研究の諸問題

　前節では，あいまいさへの非寛容研究の発端から測定尺度の発展について述べてきた。その一連の定義から，あいまいさへの非寛容は不適応的なパーソナリティ特性であることが垣間みられよう。しかし，その精神的健康への関与を

実証した先行研究はほとんど見受けられない。そこで，まずはあいまいさへの非寛容と精神的健康との関連性を検証する足固めとして，測定尺度の問題について述べる。そして，精神的健康を規定する枠組みを理解するのに有用な2つのモデルにあいまいさへの非寛容を当てはめ，検証するポイントを整理する。

1. 測定尺度に関する問題

前節では，MAT-50（Norton, 1975）が信頼性と妥当性を兼ね備えたすぐれた尺度であり，今まで開発されてきたあいまいさへの非寛容尺度の中で最も信頼できるものであることを述べてきた。しかし，MAT-50の開発以降に，MAT-50をあいまいさへの非寛容尺度として用いた研究は，数がそれほど多くはない（例えば，Andersen & Schwartz, 1992；Bello, 2000；Norton, 1975；Swami, Stieger, Pietschnig, & Voracek, 2010；吉川, 1986など）。むしろ，Norton（1975）によって批判された，The scale of tolerance-intolerance of ambiguity（Budner, 1962）を用いた研究（例えば，DeForge & Sobal, 1989；Dollinger, Saxton, & Golden, 1995；Johanson, 2000；Moore, Ward, & Katz, 1998；Rajagopal & Hamouz, 2009など），Rydell-Rosen Scale（Rydell & Rosen, 1966）を用いた研究（例えば，Houran, 1998；Houran & Lange, 1996, 1997；Houtz, Denmark, Rosenfield, & Tetenbaum, 1980など），およびThe 20-item ambiguity tolerance test（MacDonald, 1970）を用いた研究（例えば，Houran & Williams, 1998；Lange, 1999；Lange & Houran, 1999；Litman, 2010；Majid & Pragasam, 1997；McPherson, 1983；Tegano, 1990など）の方が，数が多い。この背景として，あいまいさへの非寛容の構成概念を再検討することなく，既存の尺度を無批判に用いてきたことが考えられる。そこで本研究では，Norton（1975）で検証されなかったMAT-50の因子構造の問題点を指摘することによりあいまいさへの非寛容の構成概念を見直し，新たなあいまいさへの非寛容尺度を作成し，その信頼性および妥当性を検証する。

2. 心理的ストレスモデルに関する問題

我々は日頃様々なストレッサーに直面している。しかし，まったく同じストレッサーにさらされても，それに対する反応は人により様々である。この事実

を理解するのに有用なモデルが，Lazarus & Folkman（1984/邦訳, 1991）によって提唱されている心理的ストレスモデルである。このモデルでは，ストレッサーに対する認知的評価（cognitive appraisal）と，それに続くコーピング（coping）が，個人と外的な出来事との関係を説明する主要な媒介変数として挙げられている。認知的評価は，その出来事が個人にとってどの程度有害で脅威的であるかという一次的評価，そして認知された有害性や脅威性に対処できるかどうかという二次的評価に大別されている。またコーピングは，直面する問題を直接処理して変化させていこうとする問題焦点型対処と，直面する問題からこうむる精神的苦痛を低減させようとする情動焦点型対処に大別されている。

　これらの認知的評価やコーピングには，様々なパーソナリティ特性の要因が関連していると考えられている。例えば，Kobasa（1979）の提唱したハーディネス（hardiness），Rotter（1966）の提唱した統制の所在（locus of control）などが挙げられる。これらのパーソナリティ特性と認知的評価やコーピングとの関連性が，多くの研究によって示唆されている（例えば，Florian, Mikulincer, & Taubman, 1995；Parkes, 1984 など）。しかし，あいまいさへの非寛容と認知的評価やコーピングとの関連性を検討した研究（例えば，増田, 1998 など）は極めて少ない。そこで，本研究では以上のことを踏まえ，あいまいさへの非寛容がストレス事象の認知的評価およびコーピングと関連がみられるかについて検証する。

　ところで吉川（1986）は，前節で述べた Frenkel-Brunswik（1949, 1954）や Budner（1962）の定義も踏まえ，あいまいさへの非寛容を「人間のかなり基本的な心理機能に根ざした包括的な特性」と考え，「より一般的な状況でも機能する特性」として捉えることの重要性を示唆している。その一方で，Endler（1983）は対人関係状況，身体的脅威状況，社会的評価状況，あいまいな状況，日常的な仕事状況，その他の状況という6つの状況をストレス状況として想定している（Figure 1-1 参照）。

　この中でも，対人関係状況，身体的脅威状況，社会的評価状況は主要な3つのストレス状況として位置づけられている。しかし，この分類ではあいまいな状況がストレス状況として独立しているが，実際にはそれ以外の状況にあいまいさが包含される，という構図が成り立つのではないだろうか（Figure 1-2 参

Figure 1-1 Endler (1983) による
ストレス状況の分類

Figure 1-2 あいまいさを包含した
ストレス状況の分類

照）。例えば，対人関係状況では「友人の発言が何を意図しているかはっきりしない」，身体的脅威状況では「体の調子が悪いときに，それが一過性のものなのか重病の前触れなのかはっきりしない」，社会的評価状況では「自分に対する他者からの評価が良いのか悪いのかはっきりしない」，などという点で，それぞれあいまいさが存在するように思われる。

　以上のことを踏まえると，あいまいさに非寛容な者はあいまいな状況以外でも，短絡的な思考や行動など現実吟味において不適切な反応をすることが推測される。具体的には，あいまいさに非寛容な者はストレス状況に置かれた際に，その状況で生じたあいまいさを敏感に察知して，その状況を脅威的なものであると評価し，その状況で生じた問題の原因を即時的に求め，その解決法を一刻も早く実行に移したいという欲求から，直接的な対処をすることが想定される。このような対処は，状況を客観的に把握することを妨げ，心的エネルギーを過剰に消費し，精神的健康に悪影響を与えることが考えられる。そこで本研究では，あいまいさへの非寛容が認知的評価およびコーピングを媒介して精神的健康に与える影響を検証する。

3. 素因ストレスモデルに関する問題

　日常的に我々は，様々なライフイベントに直面している。しかし，まったく同じイベントを経験してもそれに対する反応は人によって異なり，精神的健康

を維持することができる者もいれば，精神的健康を損なう者も出てくる。このような，個人によって精神的健康の差異が発生する事象を理解するのに有用なモデルとして，精神病理学の領域において極めてオーソドックスな考え方である，素因ストレスモデル（diathesis-stress model）が挙げられる（丹野，2001）。

素因ストレスモデルは，抑うつに対する認知的脆弱性（cognitive vulnerability），つまり，抑うつに陥りやすいパーソナリティをもつ個人が，ネガティブなライフイベントを実際に経験した際に，そうでない個人に比べてより抑うつに陥りやすいことを，Metalsky, Halberstadt, & Abramson（1987）によって実証可能な形で明確に提示されたものである。このモデルは，2時点以上の縦断データを測定し，階層的重回帰分析（Cohen & Cohen, 1983）を用いることにより，1時点のデータのみの横断研究では言及することができなかった因果関係にまで踏み込んだ検討を可能にする，優れたパラダイムである（丹野，2001）。前述の心理的ストレスモデルは対処方略を媒介変数としているので，ネガティブなライフイベントがあることを前提としたパーソナリティと精神的健康の関連を検討するのに対し，素因ストレスモデルはパーソナリティとライフイベントとの交互作用を用いるので，ネガティブなライフイベントがない場合のパーソナリティと精神的健康の関連も検討することができる。また，昨今では抑うつのみに留まらず，様々な結果変数の発生研究で応用されている。例えば，森本・丹野（2004）による被害妄想的観念，伊藤・丹野（2003）による対人不安などが挙げられる。これらの研究では，検討された認知的脆弱性および結果変数が異なっているにもかかわらず，いずれも素因ストレスモデルが支持されており，このパラダイムの有効性が示唆されている。

素因ストレスモデルに関する研究では，認知的脆弱性として主に説明スタイル（response style：なぜ出来事が起こったのかについての推論）を中心にした研究が進められてきた。しかし，園田・藤南（1999）は，先行研究の多くが素因変数として説明スタイルしか取り上げなかったことを指摘している。そのことに関連して，抑うつへの認知的脆弱性になり得るその他の素因変数が，Boyce, Parker, Barnett, Cooney, & Smith（1991）によって紹介されている。例えば，依存性（Birtchnell, 1984），神経症傾向（Coppen & Metcalfe, 1965），強迫性（Klein & Depue, 1985）などである。そこで，本研究では以上のことを踏

まえ，あいまいさへの非寛容が認知的脆弱性になり得るか検証する。

あいまいさに非寛容な者はネガティブな出来事があった場合，その際に生じたあいまいさに耐えることができず，そこから脱却するために独断的な認知的処理をおこない，不適応的な反応を表出することが考えられる。具体的には，前節で述べたような白か黒か式の解決に頼り，時期尚早な結論に達し，たびたび現実を無視し，そして他者への絶対的で明白な包括的受容あるいは包括的拒絶を要求する（Frenkel-Brunswik, 1949）といった反応である。これらの反応は，状況の客観的な把握を妨げ，結果として必要以上の心的エネルギーを消費し，精神的不健康につながることが考えられる。あいまいさへの非寛容を認知的脆弱性と捉えて素因ストレスモデルの検討をおこなった先行研究には，Andersen & Schwartz（1992）がある。その研究では，あいまいさに非寛容な者がネガティブなライフイベントを経験した時に，絶望感を媒介して抑うつに陥ることが示された。以上の点をすべて踏まえると，あいまいさへの非寛容は認知的脆弱性になり得ることが想定される。そこで本研究では，素因ストレスモデルを用いてあいまいさへの非寛容とライフイベントとの交互作用が精神的健康に与える影響を検証する。

第3節　本書の目的と構成

前節では，あいまいさへの非寛容尺度ならびにあいまいさへの非寛容と精神的健康との関連性についての問題提起をおこない，検討すべき課題を整理した。本研究の目的は，それらの課題を1つずつ検証していき，あいまいさへの非寛容概念の有効性を裏づける知見を提供することである。以下に，次章以降の構成を示す。

第2章（研究1-3）では，まず既存のあいまいさへの非寛容尺度の問題点を指摘し，因子構造の妥当性に関する統計的不備を実証する。そして，そのことを踏まえて対人場面に限定した新しいあいまいさへの非寛容尺度を作成する。

第3章（研究4-6）では，心理的ストレスモデルを用いて，あいまいさへの非寛容が特性的認知的評価およびコーピングに与える影響を，ストレス状況ごとに検討する。そして，あいまいさへの非寛容が特性的認知的評価および特性的

対人ストレスコーピングを媒介因として，精神的健康の指標であるストレス反応とハピネスに与える影響をそれぞれ検討する。さらに，あいまいさへの非寛容が状況的認知的評価および状況的対人ストレスコーピングを媒介因として，ストレス反応とハピネスに与える影響をそれぞれ検討する。

第4章（研究7-9）では，あいまいさへの非寛容を認知的脆弱性と捉え，素因ストレスモデルを用いて，対人的ストレッサーを経験した場合の抑うつ，ストレス反応，そしてハピネスに与える影響をそれぞれ検討する。さらに，領域が限定されていない全般的ストレッサーを経験した場合のストレス反応とハピネスに与える影響もそれぞれ検討する。

そして，最終第5章では，本論文で検討された研究の成果と限界について述べる。さらに，あいまいさへの非寛容研究の展望を，あいまいさへの非寛容の形成因，あいまいさへの非寛容への介入，あいまいさへの非寛容概念のさらなる精緻化，という3つの視点から述べて，本論文全体のまとめをおこなう。

第2章
あいまいさへの非寛容概念の整理と尺度構成の試み

第1節　本章で検討する問題

　本章では，既存のあいまいさへの非寛容尺度として汎用されてきた MAT-50 (Norton, 1975) の問題点を指摘し，対人場面に限定した新しいあいまいさへの非寛容尺度の構成を試みる。

1. 既存の尺度の再検討

　前章で指摘したように，Norton (1975) が作成した MAT-50 は信頼性と妥当性を兼ね備えた尺度であり，我が国でも今川 (1981) によって日本語版の検討がなされ，これまで作成されたあいまいさへの非寛容尺度の中で最も信頼できるものであるとされている。しかし，増田 (1998) が指摘するように，MAT-50 は元来 8 つの下位カテゴリー（哲学・対人コミュニケーション・公のイメージ・仕事に関連した行動・問題解決・社会的相互作用・習慣・芸術形態）をもつがカテゴリー間の関連性についての検討はおこなわれていない。一方，因子分析の手法の1つであるグループ主軸法を用いて MAT-50 日本語版の検討をおこなった中村 (1992) では，8 つの下位カテゴリー間の相関係数が低いことが報告されている。このことは，8 つの下位カテゴリーを一次元として扱うのは問題であることを示唆していると考えられる。
　また，MAT-50 をあいまいさへの非寛容尺度として用いた研究 (Andersen & Schwartz, 1992；吉川, 1986 など) では，統計的手法を用いて下位カテゴリーの検討をおこなっておらず，あいまいさへの非寛容を単一次元として捉え，全61 項目の合計得点のみを用いたものがほとんどである。その背景には，あいまいさへの非寛容の構成概念の不明瞭さ，またそれに伴うあいまいさへの非寛容尺度の因子構造の不安定さがあると考えられる。そこで本章では，MAT-50 の

因子構造を見直し，あいまいさへの非寛容尺度としての実用可能性について再検討をおこなう。

2. 尺度構成

一方，MAT-50 を含め前章で述べてきたような既存のあいまいさへの非寛容尺度とは異なり，領域を最初から対人場面に限定して作成された尺度がある。その尺度は，Wolfradt & Rademacher（1999）によって作成された，10 項目からなる対人場面のあいまいさ耐性尺度（Skala zur Erfassung Interpersonaler Ambiguitätstoleranz：SIA）である。SIA は，健常者群（勤労学生，大学生）と患者群（うつ病患者，不安障害患者，統合失調症患者）を有意に弁別し，臨床現場での有効性が確認されたものである。しかし，尺度構成の詳細な過程が明らかではないので，どのような手順で対人場面におけるあいまいさへの非寛容の検討がなされているのかを把握することができない。また，下位尺度を想定した分析をおこなっていないので，結果として様々な対人場面を一次元にまとめた尺度になってしまっている。これらのことから，あいまいさへの非寛容の下位概念を，領域を絞って検討する必要性があるように思われる。前章で述べたように，あいまいさは様々なストレス状況において包含されている可能性があることを踏まえ，本研究では Wolfradt & Rademacher（1999）に倣い，対人場面で生じるあいまいさに焦点を当てる。対人場面に領域を絞ってあいまいさへの非寛容を測定することは，尺度項目数を減少させて調査協力者の負担を減らすことにつながり，分析精度を高めることが期待できよう。その結果，対人場面におけるあいまいさへの非寛容の重要な役割を明らかにすることができよう。

今までに開発されてきたあいまいさへの非寛容尺度では，主に Budner（1962）のあいまいさの定義など，研究者の主観的観点であいまいさが設定されており，自由記述など調査協力者側の観点によって検討されたものや，領域を限定して作成されたものはほとんどなかった。そこで本章では，Budner の定義を対人場面に限定し，対人場面におけるあいまいさへの非寛容を「他者との相互作用において生じるあいまいな事態を恐れの源泉として知覚（解釈）する傾向」と定義する。まず，新尺度の基盤として，対人場面におけるあいまいさ

への非寛容尺度（Interpersonal Intolerance of Ambiguity Scale：IIAS）を作成する。そして，自由記述調査により対人場面におけるあいまいさを分類し，IIAS の作成過程で得られた知見も踏まえ，改訂版対人場面におけるあいまいさへの非寛容尺度（Revised Interpersonal Intolerance of Ambiguity Scale：IIAS-R）を作成し，その信頼性および妥当性の検討をすることを目的とする。

第2節　MAT-50 の因子構造（研究1）

1. 目　的

MAT-50 日本語版について，探索的因子分析と確認的因子分析を用いて，オリジナルの尺度で想定されている 8 因子構造の妥当性の検討を目的とする。

2. 方　法

調査協力者および実施方法

調査協力者は，1998 年 7 月上旬から 2001 年 12 月中旬にかけて，京都府下の大学において心理学関連の授業を受講する大学生計 692 名（男子 335 名，女子 357 名）であった。全標本の平均年齢は 19.67 歳，$SD=2.18$ 歳であった。1999 年度のみ心理学実験室において最多で 10 人までの少人数による集団法で実施した。その他の年度は講義時間に質問紙を配布，約 1 週間の提出期限を設け，後日回収した。なお，1999 年度および 2001 年度では，回答用紙にマークシートを採用した。以上の概略を，Table 2-1 に示す。

Table 2-1　各カテゴリーの平均値と標準偏差

	全体		男性		女性		実施方法	
	人数	平均年齢 (SD)	人数	平均年齢 (SD)	人数	平均年齢 (SD)	形式	マークシート
1998 年度	126	20.57 (1.30)	42	20.98 (1.30)	84	20.37 (1.26)	配布・回収	未使用
1999 年度	129	19.80 (2.14)	55	19.89 (3.07)	74	19.73 (1.01)	集団法	使用
2000 年度	233	19.09 (3.01)	117	19.37 (4.12)	116	18.81 (0.99)	配布・回収	未使用
2001 年度	204	19.71 (1.00)	121	19.85 (1.07)	83	19.49 (0.85)	配布・回収	使用

測　度

MAT-50 日本語版　　Norton（1975）による MAT-50（61 項目）を，今川（1981）が翻訳したものを用いたが，今川が削除した原項目の 4 項目を加えて用いた。この尺度は 8 つの下位カテゴリーをもつ。それらは，哲学（項目例：ほとんど全ての問題には解決法があるものです），対人コミュニケーション（項目例：私は他人に対して率直なほうです），公のイメージ（項目例：私に対する人物評が，私の親友達の間で対立するときは，とても困ります），仕事に関連した行動（項目例：情報交換の乏しい職場では，うまく働けません），問題解決（項目例：いったん仕事を始めたら，それを終えるまでは別の仕事を始める気にはなれません），社会的相互作用（項目例：知っている人ばかりの集まりの方が見知らぬ人の多い集まりよりも好きです），習慣（項目例：夕食の献立を，前以って知りたがる方です），芸術形態（項目例：あいまいで，神秘的な象徴主義が好きです（逆転項目））である。また，小林（1980）によって，日本での再検査信頼性，内容的妥当性，基準関連妥当性，構成概念妥当性が確認されている。各項目についてそれぞれ「とても強く同意しない（1 点）」から「とても強く同意する（7 点）」までの 7 件法で回答を求めた。この尺度は，得点が高いほどあいまいさに非寛容であることを示している。

3. 結果と考察

MAT-50 日本語版の基本統計量

Table 2-2 に，MAT-50 日本語版の 8 つの下位カテゴリーおよび全項目の合計得点の平均値と標準偏差を，実施年度ごとに示す。

各標本の等質性

標本の違いによる MAT-50 日本語版の得点の偏りを検討するため，実施年度を参加者間要因とし，MAT-50 日本語版の合計得点を従属変数とする一要因分散分析をおこなった。その結果，実施年度に有意な得点の偏りは認められなかった（$F(3, 688)=1.07, n.s.$）。よって，すべての標本は等質であると判断した。

探索的因子分析

MAT-50 日本語版の 61 項目について，主因子法による探索的因子分析を実施年度ごとにおこなった。それぞれの実施年度において，ガットマン基準を用

いた場合，20～22因子が抽出されたが，半分以上の項目がいずれの因子にも負荷せず，解釈可能な因子は見いだされなかった。また，スクリー基準を用いた場合，固有値の減衰状況から判断して2～3因子が抽出されたが，こちらもガットマン基準と同様の結果であった。Figure 2-1にこれらの結果を示す。

探索的因子分析の結果，すべての実施年度で，ガットマン基準およびスクリー基準のどちらにおいても半分以上の項目が削除され，残された項目においてもそれぞれの下位カテゴリーが混在している状態であり，解釈可能な因子を抽出することができなかった。ガットマン基準における抽出因子数はMAT-50

Table 2-2 各カテゴリーおよび全項目の合計得点の平均値と標準偏差

	1998年度		1999年度		2000年度		2001年度	
	M	SD	M	SD	M	SD	M	SD
哲学	33.48	3.61	28.15	3.58	28.39	3.47	28.74	3.68
対人コミュニケーション	21.17	4.44	20.72	4.13	21.14	3.98	20.63	4.32
公のイメージ	17.06	4.68	18.35	4.16	17.40	3.59	17.95	4.71
仕事に関連した行動	22.91	4.58	22.53	4.10	22.71	3.61	23.01	3.88
問題解決	36.81	6.82	37.25	5.65	37.28	6.14	38.23	6.94
社会的相互作用	39.74	6.58	40.77	6.38	39.93	5.94	41.33	6.14
習慣	57.24	8.90	60.04	8.62	58.34	7.84	58.30	8.07
芸術形態	37.78	5.17	36.47	6.71	36.78	6.00	37.43	6.01
合計得点	266.17	27.74	263.50	27.74	261.38	26.92	265.21	28.90

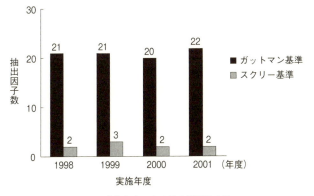

Figure 2-1 実施年度による抽出因子数の違い

日本語版の全項目数の約3分の1になっており，これは単純に平均しても，1つの因子のみに高い負荷量を示す項目が約3項目にしかならないことを示している。仮にうまく因子が抽出されたとしても，それぞれ3項目含む因子が20以上もあれば，他の変数との関連性を検討した際にそれぞれの因子の差異を明確にすることは困難になるであろう。一方，スクリー基準における抽出因子数はガットマン基準よりも大幅に少なく，かなり集約されている。しかし，それぞれの因子に負荷した項目を見てみても，前述のとおり解釈不可能で因子として成り立っていない。また，因子数を下位カテゴリー数に合わせて8に指定しても同様の結果であった。

確認的因子分析

MAT-50日本語版が，8つの下位カテゴリーを想定した8因子モデルと，下位カテゴリーを想定しない単一因子モデルのどちらの方がより適した因子構造をもつのか検討するために，確認的因子分析を実施年度ごとにおこなった。分析にはSAS (version 8.02) のCALISプロシジャを用い，最尤推定法によって母数の推定をおこなった。なお，8因子モデルではそれぞれの因子が無相関であることを仮定した直交モデルと，それぞれの因子間に相互の相関を仮定した斜交モデルを想定した。各モデルにおける適合度指標は，適合度指標 (Goodness of Fit Index：GFI)，修正適合度指標 (Adjusted Goodness of Fit Index：AGFI)，赤池情報量基準 (Akaike's Information Criterion：AIC) を算

Table 2-3 各モデルの適合度指標

適合度指標		実施年度			
		1998年度	1999年度	2000年度	2001年度
GFI	単一因子モデル	.58	.56	.64	.65
	8因子モデル（直交モデル）	.58	.55	.62	.63
	8因子モデル（斜交モデル）	.60	.59	.67	.68
AGFI	単一因子モデル	.55	.53	.61	.63
	8因子モデル（直交モデル）	.55	.52	.59	.60
	8因子モデル（斜交モデル）	.57	.56	.64	.65
AIC	単一因子モデル	−407.26	−386.15	202.66	−340.32
	8因子モデル（直交モデル）	−401.75	−255.13	409.74	−218.15
	8因子モデル（斜交モデル）	−539.65	−499.86	−97.66	−545.62

出した。その結果，それぞれの実施年度において，すべての指標で8因子斜交モデルが，8因子直交モデルや単一因子モデルに比べて高い適合度を示していた。Table 2-3 に，各モデルの適合度を実施年度および指標ごとに示す。

確認的因子分析では，すべての実施年度で，単一因子モデルおよび8因子直交モデルよりも8因子斜交モデルの方が若干高い適合度を示していたが，いずれも十分な適合度まで至らなかった。豊田（1998）は，例えばGFIなら.90以上が経験的に優れたモデルであることを示唆している。ところが本研究で得られた結果では，最も高い適合度を示していた8因子斜交モデルでも，理想的な値には程遠かった。

以上，探索的因子分析および確認的因子分析の結果より，MAT-50日本語版は8つの下位カテゴリーを想定して測定しても，統計的には適切ではないことが示唆された。

第3節　IIASの作成（研究2）

1. 目　的

IIASの作成および，信頼性・妥当性の検討を目的とする。

2. 調査1

調査1では，IIASを作成するために，尺度項目の選定に関する予備的検討をおこなうことを目的とする。

方法

調査協力者および調査時期　調査協力者は，京都府下の大学において心理学関連の授業を受講する大学生128名（男子48名，女子80名）であった。平均年齢は20.31歳，$SD=1.06$歳であった。調査時期は，2000年6月上旬であった。

尺度項目の選定と予備尺度の作成　対人場面におけるあいまいさへの非寛容を測定していると思われる項目を，MAT-50（Norton, 1975）から17項目，SIA（Worfradt & Rademacher, 1999）から6項目を抜粋し翻訳した。また，これらの項目を参考にして独自に19項目を作成した。その際，Norton（1975）が

分類したあいまいさの8つのカテゴリーを対人場面に当てはめ，そのことから想定され得る状況をいくつか設定し，その状況に対する反応について Frenkel-Brunswik（1949, 1954）の定義を参考にして項目を作成した。さらに，対人場面に限定されない生活領域全般にわたるあいまいさへの非寛容を測定するために，上記の MAT-50 から7項目，The MSTAT-I（McLain, 1993）から7項目もあわせて抜粋した。上記の合計56項目を収集した。

収集した項目は，MAT-50（Norton, 1975）に倣い，「全く同意しない（1点）」から「とても強く同意する（7点）」までの7件法で回答を求めた。これは，対人場面のあいまいさに非寛容であるほど得点が高くなるように構成されている。

実施方法　授業時間中に質問紙を配布，回答してもらいその場で回収した。なお，回答用紙にマークシートを採用した。

結果と考察

尺度項目の GP 分析　収集した全項目の合計得点の中央値で上位群と下位群に分け，項目ごとに t 検定をおこなった。その結果，上位群と下位群に有意差が示されなかった項目が8項目みられた。

尺度項目の探索的因子分析　GP 分析により選別力がないと見なされた8項目を除いた48項目について，主因子法，バリマックス回転による探索的因子分析をおこなった。因子数はスクリープロットを参照し，因子の解釈可能性を考慮して3因子を抽出した。因子負荷量がどの因子にも負荷しない項目（本研究では基準として .40 に満たない項目とした）を除外した31項目を選出し，再度同様の探索的因子分析をおこなった。その結果を Table 2-4 に示す。

第1因子は「私が高く評価している人に対して別の人は低く評価している場合，私は混乱してしまいます」「自分の振舞いが他の人にどんな影響を与えるのかがわからないと不安になります」「友人が私のそばにいて携帯電話で話していると，私はその話の内容が気になります」など，因子負荷量の高い項目だけでは解釈が難しいが，因子全体の項目を見渡して，親しい関係に関する項目に負荷していると考え「親しい関係におけるあいまいさへの非寛容」因子と命名した。第2因子は「私はあいまいな状況に耐えられません」「私はいくらかあいまいな状況を好みます（逆転項目）」「私の陰口をたたいている人がいたら，直接私に言って欲しいと思います」など，第1因子と同様，因子負荷量の高い項

Table 2-4 対人場面におけるあいまいさへの非寛容尺度の因子分析表

	因子1	因子2	因子3	共通性
1. 親しい関係（α = .83）				
31. 私が高く評価している人に対して別の人は低く評価している場合，私は混乱してしまいます。	.552	-.043	.029	.307
8. 自分の振舞いが他の人にどんな影響を与えるのかがわからないと不安になります。	.543	.065	.299	.388
35. 友人が私のそばにいて携帯電話で話していると，私はその話の内容が気になります。	.521	.048	.139	.294
37 私についての間違ったうわさが流れている時，どんなことをしてでも訂正したくなります。	.518	.321	.015	.371
6. 私に対する人物評が，私の親友達の間で対立するときは，とても困ります。	.512	.123	.081	.284
20. 友人が悩んでいるのにそのことについて話してくれない時，私は落ち着きません。	.510	.403	.062	.427
21. 私が彼（彼女）に頼んでいるにも関わらず，彼（彼女）が私に助言を与えてくれない時，私はとても不安になります。	.495	.147	.070	.272
4. 相手の考える筋道についてゆけないと本当に焦ります。	.478	-.034	.175	.260
7. 人が笑っているときはいつも，何を笑っているのかが気になります。	.463	.126	.348	.352
13. 自分がほとんど影響力を持たないような状況にいる時には，かなり不安になります。	.456	.082	.133	.233
19. 人が何か言っていることの意味をすぐに理解できない時，私は非常に不愉快になります。	.455	.262	.216	.322
34. 集団内の「暗黙の了解」がわからないと，私は不安になります。	.444	.270	.170	.299
2. 一般的関係（α = .79）				
50. 私はあいまいな状況に耐えられません。	-.003	.749	.234	.616
56. 私はいくらかあいまいな状況を好みます。	-.130	.647	-.015	.436
28. 私の陰口をたたいている人がいたら，直接私に言って欲しいと思います。	.106	.552	-.151	.339
10. 他人が私を評価する時は，とにかく明確で，隠しだてのない評価をして欲しい。	.183	.544	.040	.331
42.「建前」ばかり言って「本音」を言わない人に対して，私は信じることができません。	.048	.516	.288	.352
3. 自分のことを聞かれて率直に答えない人は好きになれません。	.265	.516	.251	.399
39. はっきりした回答が必要な場面におかれているにも関わらず，答を保留する人には困ってしまいます。	.170	.504	.190	.320
26. 私が発表した後に何の反応もないと，言いたいことがきちんと伝わったかどうか気になります。	.388	.470	.201	.412
43. ほとんど全ての問題には解決法があるものです。	.081	.406	-.137	.190
5. 自分の考えは，たとえ相手を傷つけることになっても，心にしまっておくより話したい。	.068	.398	.000	.163
36. 手紙を出しても返事が来ない時，私はきちんと着いたかどうか気になります。	.367	.389	.128	.303
3. 未知の関係（α = .76）				
15. 理解しがたい振舞いをする人達と一緒にいることはいささか不愉快です。	.207	.218	.578	.425
16. その人について何かわかるまで，くつろげない気がします。	.330	.228	.537	.449
9. 見ず知らずの人と一緒にいる時，私に対してどのように振舞うのか予想がつかないと，とまどってしまいます。	.399	.013	.499	.409
12. 顔を出すときは，あらかじめそれがどんな集まりかを知っておきたい。	.122	.087	.476	.249
38. 友人との関係が悪くなったら，私はその関係を完全に断ち切ります。	-.034	.008	.468	.221
25. 人から批判された時，その理由が自分で納得できないと不愉快になります。	.293	.240	.467	.362
53. 私は新しい状況よりも，よく知っている状況を好みます。	.121	-.089	.462	.236
54. 私は，とても複雑であるために容易に理解できない状況を避けます。	.347	-.187	.422	.333
固有値	3.97	3.75	2.64	
寄与率	12.81	12.10	8.52	
累積寄与率	12.81	24.91	33.43	

親しい関係 = 親しい関係におけるあいまいさへの非寛容
一般的関係 = 一般的な知り合い関係におけるあいまいさへの非寛容
未知の関係 = 未知の関係におけるあいまいさへの非寛容

目だけでは解釈が難しいが，因子全体の項目を見渡して，一般的な知り合い関係に関する項目に負荷していると考え「一般的な知り合い関係におけるあいまいさへの非寛容」因子と命名した。第3因子は「理解しがたい振舞いをする人達と一緒にいることはいささか不愉快です」「その人について何かわかるまで，くつろげない気がします」「見ず知らずの人と一緒にいる時，私に対してどのように振舞うのか予想がつかないと，とまどってしまいます」など，未知の関係に関する項目に負荷していると考え「未知の関係におけるあいまいさへの非寛容」因子と命名した。

当初，対人場面におけるあいまいさへの非寛容と異なる概念として，生活領域全般にわたるあいまいさへの非寛容が想定されたが，調査1では2つの概念は独立したものとはならなかった。しかし，第1因子は親しい関係，第2因子は一般的な知り合い関係，第3因子は未知の関係というように，因子ごとに対人関係の親密度が推移していくことが明らかになった。なお，これらの因子的妥当性については調査2で検討する。

各下位尺度および項目の合計得点の信頼性 探索的因子分析の結果抽出された3つの因子および全項目の合計得点について，それぞれ Cronbach の α 係数を算出した結果，親しい関係におけるあいまいさへの非寛容は.83，一般的な知り合い関係におけるあいまいさへの非寛容は.79，未知の関係におけるあいまいさへの非寛容は.76であった。なお，全項目の合計得点は.90であった。調査1では，それぞれの尺度において内的整合性が確認された。

3. 調査2

目　的

調査2では，IIAS の妥当性（因子的妥当性，構成概念妥当性）および信頼性（再検査信頼性）を検討することを目的とする。

項目選定段階で仮定していた，対人場面におけるあいまいさへの非寛容・生活領域全般にわたるあいまいさへの非寛容という2因子とは異なり，調査1で得られた因子は3因子であった。そこで，調査2ではその3因子が当初仮定していた2因子よりも妥当なモデルであるかどうか検証するために，確認的因子分析をおこなう。高比良（1998b）は，因子的妥当性を検証する方法として確

認的因子分析を用いることを挙げている。確認的因子分析によって，もし3因子モデルの方が2因子モデルよりも高い適合度を示したならば，調査1で得られた3因子モデルの因子的妥当性を証明できるだろう。

また，調査2ではIIASの構成概念妥当性を検討するために，4種類の尺度（MAT-50，NEO-FFI日本語版，Fスケール，Personal Need for Structure scale：PNS）との相関を算出した。これらの尺度の内容については，後述する。

IIASは，あいまいな状況を対人場面に限定した場合の測定を目的としているので，より一般的な状況を測定するMAT-50との間には正の相関がみられることが想定される。

吉川（1980）は，あいまいさへの非寛容がものごとの原因を自己の外側に求める外在化と関連があることを示唆しているので，NEO-FFI日本語版の外向性尺度とIIASとの間には正の相関がみられることが想定される。一方，Rogers（1954）は，あいまいさ耐性が開放性の下位次元であることを示唆しているので，IIASとNEO-FFI日本語版の開放性尺度との間には負の相関がみられることが想定される。さらに，辻（1998）はあいまいさへの非寛容が統制性や情緒不安定性と関連があることを示唆しているので，それらに対応するNEO-FFI日本語版の誠実性や神経症傾向とIIASの間には正の相関がみられることが想定される。

また，権威主義者はあいまいさに非寛容であることが示唆されているので（Adorno, Frenkel-Brunswik, Levinson, & Sanford, 1950），IIASと権威主義的パーソナリティを測定するFスケールとの間には正の相関がみられることが想定される。

そして，あいまいさへの非寛容は構成要素として，認知的単純性と構造への好みの概念がある（Neuberg & Newsom, 1993）ので，IIASとPNSとの間には正の相関がみられることが想定される。

方　　法

調査協力者および調査時期　　調査協力者は，京都府下の大学において心理学関連の授業を受講する大学生233名（男子116名，女子117名）であった。平均年齢は19.09歳，$SD=3.01$歳であった。また，この内の73名（男子28名，女子45名）に対して，約3ヶ月後に再検査を実施した。調査時期は，2000年

7月中旬であった。

測度

対人場面におけるあいまいさへの非寛容 調査1で作成されたIIASを用いた。調査2では，調査1で予備尺度56項目から選抜された31項目をランダムに入れ替え，各項目についてそれぞれ「全く同意しない（1点）」から「とても強く同意する（7点）」までの7件法で回答を求めた。

MAT-50日本語版 研究1で用いた尺度と同じものを用いた。分析には全項目の合計得点を算出し，その中からIIASを作成する際に抜粋した項目の得点を除いて用いた。この操作は，同じ項目が含まれることによって2つの尺度の相関が高くなり過ぎるのを防ぐためにおこなった。

ビッグファイブ 下仲・中里・権藤・高山（1999）によって作成されたNEO-FFI日本語版を用いた。この尺度はNEO-PI-R日本語版（下仲他，1999）の短縮版で，神経症傾向，外向性，開放性，調和性，誠実性の5次元から構成されており，それぞれ12項目計60項目からなる。各項目についてそれぞれ「全くそうでない（1点）」から「非常にそうだ（5点）」までの5件法で回答を求めた。これは，各次元の特徴をよく表わしているほど得点が高くなるように構成されている。分析には各次元の合計得点をそれぞれ算出して用いた。

権威主義 西山（1972）によって作成された，40項目からなるFスケールを用いた。各項目について，西山に倣い「全く間違っている（1点）」「かなり間違っている（2点）」「やや間違っている（3点）」「やや正しい（5点）」「かなり正しい（6点）」「全く正しい（7点）」の6つの欄を設定し，それぞれ回答を求めた。これは，権威主義的であるほど得点が高くなるように構成されている。分析には全項目の合計得点を算出して用いた。

認知的構造欲求 Neuberg & Newsom（1993）によって作成された，12項目からなるPNSを翻訳して用いた。各項目についてそれぞれ「全く同意しない（1点）」から「強く同意する（6点）」までの6件法で回答を求めた。これは，あらゆるものごとに対して単純構造を求めるほど得点が高くなるように構成されている。分析には全項目の合計得点を算出して用いた。

実施方法 授業時間中に質問紙を配布し，約2週間の提出期限を設け，後日回収した。

Table 2-5 対人場面におけるあいまいさへの非寛容尺度の平均値と標準偏差

	全体		男性		女性	
	M	SD	M	SD	M	SD
合計得点	141.48	16.28	140.36	17.21	142.58	15.31
親しい関係におけるあいまいさへの非寛容	53.00	8.78	52.04	8.70	53.94	8.79
一般的な関係におけるあいまいさへの非寛容	51.87	7.32	51.89	7.65	51.85	7.00
未知の関係におけるあいまいさへの非寛容	36.61	5.24	36.43	5.23	36.79	5.28

結果と考察

各因子および全項目の合計得点の基本統計量　Table 2-5 に，対人場面におけるあいまいさへの非寛容尺度の3つの下位尺度，および全項目の合計得点の平均値と標準偏差を示す。なお，性差を検討するために各下位尺度の得点について t 検定をおこなったところ，いずれの得点間にも有意差はみられなかった。

因子的妥当性の検討　IIAS に対し，当初想定された2因子モデルと，調査1の結果から得られた3因子モデルのどちらの方がより適した因子構造であるのか検討するために，確認的因子分析をおこなった。分析には SAS（version 8.02）の CALIS プロシジャを用い，最尤推定法によって母数の推定をおこなった。各モデルにおける適合度指標は，Jaccard & Wan（1996）によって勧められている3種類の基準の中から，GFI，比較適合度指標（Comparative Fit Index：CFI），平均二乗誤差平方根（Root Mean Square Error of Approximation：RMSEA）をそれぞれ算出した。また，AGFI も併せて算出した。その結果3因子モデルにおける適合度は，GFI=.80，AGFI=.77，CFI=.64，RMSEA=.07 であったのに対し，2因子モデルにおける適合度は GFI=.75，AGFI=.72，CFI=.57，RMSEA=.08 であった。したがって，すべての指標において3因子モデルの方が2因子モデルに比べて高い適合度を示していたので，3因子モデルの因子的妥当性が確認された。Table 2-6 に，3因子モデルにおける因子負荷量を示す。

調査2で得られた結果では，2因子モデルよりも高い適合度を示していた3因子モデルでも，豊田（1998）による理想的な適合度の値までには至っていない。調査1で述べたように，抽出された因子を解釈しにくくしているいくつか

Table 2-6 対人場面におけるあいまいさへの非寛容尺度の各項目に対する確認的因子分析結果

項目	親しい関係	一般的関係	未知の関係
1. 私が高く評価している人に対して別の人は低く評価している場合，私は混乱してしまいます。	.472		
4. 集団内の「暗黙の了解」がわからないと，私は不安になります。	.486		
7. 友人が悩んでいるのにそのことについて話してくれない時，私は落ち着きません。	.407		
10. 友人が私のそばにいて携帯電話で話していると，私はその話の内容が気になります。	.420		
13. 相手の考えている筋道についてゆけないと本当に焦ります。	.577		
16. 自分がほとんど影響力を持たないような状況にいる時には，かなり不安になります。	.425		
19. 私についての間違ったうわさが流れている時，どんなことをしてでも訂正したくなります。	.367		
22. 私が彼（彼女）に頼んでいるにも関わらず，彼（彼女）が私に助言を与えてくれない時，私はとても不安になります。	.579		
25. 自分の振舞いが他の人にどんな影響を与えるのかがわからないと不安になります。	.672		
27. 人が何か言っていることの意味をすぐに理解できない時，私は非常に不愉快になります。	.496		
29. 私に対する人物評が，私の親友達の間で対立するときは，とても困ります。	.340		
31. 人が笑っているときはいつも，何を笑っているのかが気になります。	.352		
3. 自分のことを聞かれて率直に答えない人は好きになれません。		.537	
6. 他人が私を評価する時は，とにかく明確で，隠しだてのない評価をして欲しい。		.427	
9. 私が発表した後に何の反響もないと，言いたいことがきちんと伝わったかどうか気になります。		.318	
12. 私はあいまいな状況に耐えられません。		.628	
15. 手紙を出しても返事が来ない時，私はきちんと着いたかどうか気になります。		.223	
18. 私の陰口をたたいている人がいたら，直接私に言って欲しいと思います。		.453	
21. ほとんど全ての問題には解決法があるものです。		.254	
24. 「建前」ばかり言って「本音」を言わない人に対して，私は信じることができません。		.583	
26. 自分の考えは，たとえ相手を傷つけることになっても，心にしまっておくよりは話したい。		.227	
28. はっきりした回答が必要な場面におかれているにも関わらず，答を保留する人には困ってしまいます。		.427	
30. 私はいくらかあいまいな状況を好みます。		.375	
2. 私は，とても複雑であるために容易に理解できない状況を避けます。			.343
5. 理解しがたい振舞いをする人達と一緒にいることはいささか不愉快です。			.381
8. 友人との関係が悪くなったら，私はその関係を完全に断ち切ります。			-.067
11. 人から批判された時，その理由が自分で納得できないと不愉快になります。			.347
14. 見ず知らずの人と一緒にいる時，私に対してどのように振舞うのか予想がつかないと，とまどってしまいます。			.619
17. 顔を出すときは，あらかじめそれがどんな集まりかを知っておきたい。			.397
20. 私は新しい状況よりも，よく知っている状況を好みます。			.426
23. その人について何かわかるまで，くつろげない気がします。			.471

親しい関係＝親しい関係におけるあいまいさへの非寛容
一般的関係＝一般的な知り合い関係におけるあいまいさへの非寛容
未知の関係＝未知の関係におけるあいまいさへの非寛容

の項目が高い因子負荷量を示していたので,全体として整合性の低い因子構造になったと考えられる。また,未知の関係におけるあいまいさへの非寛容尺度では,因子負荷量が極端に低い項目がみられた。その項目の内容は,親しい関係におけるあいまいさへの非寛容尺度に含めた方が妥当と思われるものだった。しかし,上述のような指摘は項目レベルで検討した場合のものであり,因子レベルではそれなりの意味をもつものであったので,因子的妥当性はほぼ十分であるように思われる。

構成概念妥当性の検討 IIAS の構成概念妥当性を検討するために,4 種類の尺度(MAT-50,NEO-FFI 日本語版,F スケール,PNS)との間の相関係数をそれぞれ算出した。その結果を Table 2-7 に示す。

全項目の合計得点については,開放性を除きほぼ予測された結果が得られた。しかし下位尺度ごとに見てみると,MAT-50 との間に有意な正の相関が共通してみられたこと,さらに開放性との間に有意な相関が共通してみられなかったこと以外は,一貫しない結果となった。親しい関係におけるあいまいさへの非寛容と未知の関係におけるあいまいさへの非寛容は,神経症傾向や PNS との間に有意な正の相関がみられたのに対して,一般的な知り合い関係におけるあいまいさへの非寛容は,神経症傾向や PNS との間に有意な相関はみられなかった。その一方で,一般的な知り合い関係におけるあいまいさへの非寛容は,誠実性との間に有意な正の相関がみられたのに対して,親しい関係におけるあいまいさへの非寛容と未知の関係におけるあいまいさへの非寛容は,誠実

Table 2-7 対人場面におけるあいまいさへの非寛容と各尺度との相関係数

		対人場面におけるあいまいさへの非寛容		
	合計得点	親しい関係	一般的な知り合い関係	未知の関係
MAT-50	.54***	.46***	.39***	.37***
神経症傾向	.39***	.46***	.03	.38***
外向性	.23***	.22***	.35***	-.14*
開放性	-.04	-.02	.01	-.11
調和性	.10	.16*	.06	-.03
誠実性	.20**	.09	.30***	.05
F スケール	.23***	.17*	.13	.26***
PNS	.42***	.39***	.11	.52***

*p<.05 **p<.01 ***p<.001

性との間に有意な相関はみられなかった。また，Fスケールはどの下位尺度とも弱い関係しかみられなかった。

　IIASは，あいまいな状況を対人場面に限定することを主眼において作成された。それが調査2の結果に反映されたと考えられる。MAT-50はより包括的なあいまいさへの非寛容を測定する尺度であるので，対人場面という部分的なあいまいさへの非寛容を測定する本尺度の合計得点およびすべての下位尺度との間に有意な正の相関がみられたのは，妥当な結果と言えよう。一方で開放性は，合計得点およびどの下位尺度との間にも有意な相関はみられなかった。開放性の下位次元である空想や審美性，アイデア等（下仲他，1999）は，対人場面を想定した場合ほとんど関連がないように思われる。これらはむしろ，MAT-50の下位次元である芸術形態（Norton, 1975）といったような概念と関連があるように思われる。したがって，調査2では有意な相関がみられなかったと考えられる。

　親しい関係におけるあいまいさへの非寛容と未知の関係におけるあいまいさへの非寛容は，似たような相関のパターンがみられたが，一般的な知り合い関係におけるあいまいさへの非寛容はこの2つとは異なっていた。これらの結果は，下位尺度によって構成概念が微妙に違うことを示唆していると同時に，下位尺度ごとの構成概念自体があいまいで，明確に規定されたものではないことを示唆しているように思われる。なおFスケールに関しては，現代ではいささか過激と思われる項目内容（例えば，「若い人に最も必要なものは，厳しい訓練と強い決断力と家族や国のために働こうとする意欲である。」など）だったために，弱い関係しかみられなかったのかもしれない。

　以上から，IIASは今後改善する余地も残されてはいるが，ある程度の構成概念妥当性を有することが明らかとなったと言えよう。

各下位尺度の再検査信頼性　IIASの各下位尺度および全項目の合計得点について，それぞれ再検査信頼性係数を算出した結果，親しい関係におけるあいまいさへの非寛容は.73，一般的な知り合い関係におけるあいまいさへの非寛容は.71，未知の関係におけるあいまいさへの非寛容は.57であった。なお，全項目の合計得点は.68であった。未知の関係におけるあいまいさへの非寛容で若干値が低かったが，IIASのある程度高い安定性が確認された。

第4節　IIAS-Rの作成（研究3）

1. 目　的
前節研究2で作成したIIASの問題点を踏まえてIIAS-Rを作成し，その信頼性・妥当性の検討を目的とする。

2. 調査1
目　的
調査1では，自由記述調査の結果を踏まえながらIIAS-Rを作成し，得点分布や記述統計量の確認および，内的整合性を検討することを目的とする。
方　法
尺度項目の選定と予備尺度の作成　2002年6月中旬に，京都府下の私立大学において心理学関連の授業を受講する大学生59名（男子18名，女子41名）を対象に，対人場面におけるあいまいさへの非寛容に関する自由記述調査をおこなった。その際，「ここでは"対人関係におけるあいまいさ"についてお尋ねします。我々の対人関係には色々な"あいまいさ"があることが考えられますが，あなたはその"あいまいさ"をどのようなことだとお考えでしょうか。あなたが最近経験したことや感じたことなど，どんな事でも構いませんので以下の空欄に書いて下さい。なお，ここでの対人関係とは，家族や友人のような親しい関係から，初対面の人のような未知の関係までの全てを含みます」という教示を書面にて与えた。また，「空欄は全部で10ヶ所あるが，全部埋める必要はない」ということ，「もし10個以上記入する場合は，余白や裏面も使用できる」ということも加えて教示した。なお，平均記述数は2.81個であった。得られた自由記述の結果を，KJ法により（1）初対面，（2）半見知り，（3）友人，（4）異性，（5）家族，（6）逆の立場，（7）先生，（8）商売人の8つのカテゴリーに分類した。これら8つのカテゴリーと，除外されたカテゴリーの一部をTable 2-8に示す。

次に，8つのカテゴリーに分類された記述に，Budner（1962）の定義を参考にして，それぞれ対人場面におけるあいまいさに非寛容な者がとると思われる反応の記述（例えば，気になる，落ち着かない，とまどう，など）をランダム

Table 2-8 対人場面におけるあいまいさに関する自由記述の分類

カテゴリー	記述例	記述数
(1) 初対面の人とのコミュニケーション	初対面で会った人に対してどこまで親しくすればよいのかあいまい。	12
(2) 半見知りの人とのコミュニケーション	表面上のつきあいにとどまっている人との会話は，どこかお互いに本音を出すまいとしていて中身がない。この点でとてもあいまいで苦痛。	10
(3) 友人とのコミュニケーション	友人にどこまで自分のことを話してよいのかがあいまい。	16
(4) 異性とのコミュニケーション	女の子の態度はあいまいなことが多く，何をどうしたいのかはっきりわかりにくい。	9
(5) 家族とのコミュニケーション	親に異性とのことを聞かれて「さあね」などはっきりとした受け答えはせずにあいまいな返事をする。	10
(6) 逆の立場の人とのコミュニケーション	バイトで私より後に入ってきたけど年上の人との関係。敬語使うべきか否かあいまい。	3
(7) 先生とのコミュニケーション	先生に対する態度はいつもあいまいになってしまう。	2
(8) 商売人とのコミュニケーション	店員がものすごく馴れ馴れしく話しかけてくる時がある。私たちは，「客」であるのに，その位置関係があいまい。	2
(9) 態度	どっちつかずの（自分が不利にならないように断定をさける）態度。	13
(10) 行動	困ったときに，笑顔でごまかし，詳しく説明しないこと。	23
(11) 基準	バスの中で席を譲ればよいのかどうか分かりにくい年の人が乗ってきたとき。	4
(12) その他（上記のカテゴリーに含まれないすべての記述）	「対人関係におけるあいまいさ」はじゅんかつ油（対人間関係の）。	61
計		165

注）破線から下のカテゴリーは除外されたものである

に付け加えて[1]，それぞれのカテゴリーの項目候補とした。

続いて，IIASから上記のカテゴリーに合致するような項目を抜粋し，さらに独自に項目を作成し，それぞれ項目候補に加えた。これらの項目候補に対し，

---

[1] 本研究では「反応の記述」をランダムに「分類された記述」に付け加えた（例えば，「初対面で会った人に対してどこまで親しくすればよいのかあいまい」に「とまどう」を付け加えて，「初対面の人に，どの程度親しく接してよいのかとまどいます。」とした。）が，同じ「分類された記述」でも「反応の記述」が異なれば，同一回答者でも回答が異なってくる可能性がある。この問題に関しては，今後の検討課題である。

筆者と心理学専攻の大学院生3名によって内容的妥当性の検討をおこなった。その結果，65項目を予備尺度として選定した。

なお回答形式は，MAT-50（Norton, 1975）に倣い「全く同意しない（1点）」から「とても強く同意する（7点）」までの7件法とした。

調査協力者および調査時期　調査協力者は，京都府下の私立大学において心理学関連の授業を受講する大学生であった。本研究では，有効回答が得られた332名（男子183名，女子149名）を分析の対象にした。平均年齢は19.61歳であり，SDは0.99歳であった。調査時期は，2002年12月上旬であった。

実施方法　授業時間中に質問紙を配布，その場で回答をしてもらった。時間内に回答できなかった場合は，約1週間の提出期限を設け，後日回収した。

結果と考察

因子構造の検討　はじめに，予備尺度65項目について，自由記述調査によって得られた8つのカテゴリーを想定した確認的因子分析をおこなった。分析にはSAS（version 8.02）のCALISプロシジャを用い，最尤推定法によって母数の推定をおこなった。分析は，それぞれのカテゴリーに相関を仮定した，8因子斜交モデルについて検討した。因子負荷量の低かった項目を削除したところ，多くのカテゴリーで因子に含まれる項目数が少なくなってしまった。また，項目削除後の適合度にそれほど改善がみられなかった。そこで，IIASの3つの下位尺度にそれぞれ対応する，「初対面の関係におけるあいまいさへの非寛容」「半見知りの関係におけるあいまいさへの非寛容」「友人関係におけるあいまいさへの非寛容」の3つのカテゴリーを想定した確認的因子分析をおこなった。こちらもそれぞれのカテゴリーに相関を仮定した，3因子斜交モデルについて検討した。因子負荷量の低かった項目を削除したところ，適合度に改善がみられ，適合度指標GFI=.91，修正適合度指標AGFI=.88，赤池情報量基準AIC=49.33となり，3因子斜交モデルのデータへの適合は良好であることが示された。一方，「対人場面におけるあいまいさへの非寛容」を単一因子と仮定した1因子モデルについてもあわせて検討したところ，GFI=.89, AGFI=.86, AIC=90.28となり，3因子斜交モデルに比べてデータへの適合は劣ることが示された。最終的にIIAS-Rは3因子斜交モデルを採用した。その結果を，Table 2-9に示す。

Table 2-9 対人場面におけるあいまいさへの非寛容尺度の確認的因子分析結果

	因子1	因子2	因子3
初対面におけるあいまいさへの非寛容			
1. 見ず知らずの人と一緒にいる時，私に対してどのように振舞うのか予想がつかないと，とまどってしまいます。	.519		
24. 友達の友達に会った時，どうすべきか迷います。	.621		
25. 初対面の人に，どの程度親しく接してよいのかとまどいます。	.701		
26. 初対面の人と，お互いを探り合いながら話します。	.485		
35. 初対面の人とするあいさつは，あいまいで困ります。	.613		
42. 初対面の人と2人きりでいる時，話をするべきかどうかとまどいます。	.660		
半見知りの関係におけるあいまいさへの非寛容			
3. あいさつぐらいしかしない人をその日，二度目に見かけた時，どう接してよいのかわかりません。		.636	
10. 隣人と出会った時，お互い顔は知っているのに，あいさつしてよいのかどうか迷います。		.534	
27. 表面上の付き合いにとどまっている人との会話は，どこかお互いに本音を出すまいとしていて，中身がないので苦痛です。		.545	
36. 中途半端に親しい友人の発言は，はっきりしないことが多いので困ります。		.572	
54. 「知人」程度の人と出会うと，お互い気付かないフリをしてしまい気まずいです。		.552	
65. 昔の知人とあいさつをかわすのは，緊張します。		.547	
友人関係におけるあいまいさへの非寛容			
19. 友達の買い物に付き合って物を選ぶ時は，何が欲しいのかはっきりして欲しいです。			.449
21. 私に対する人物評が，私の親友達の間で対立する時は，とても困ります。			.583
29. たまにしか会わない友人が，こちらの情報をどの程度持っているか気になります。			.577
43. がさつな友人は，いつもこちらに対する行動の意図がわからないので，はっきりして欲しいです。			.536
61. 友人が私の側にいて携帯電話で話していると，私はその話の内容が気になります。			.465

	因子間相関		
	因子1	因子2	因子3
因子1	—	.91	.71
因子2	—	—	.79
因子3	—	—	—

また，推定された3因子の因子間相関を，Table 2-9にあわせて示した。それぞれの値は非常に高いものとなった（$r=.71 \sim .91$）。因子間相関が高いということは，概念的に同じようなものを測定していることを示唆している。しかし本研究では，次の3点から3因子モデルを採用することにした。まず，この3因子は改定前のIIASの下位尺度と対応したものである点である。次に，この3因子モデルは，西川（1999）による人間関係の形成過程の3段階に対応している点である。この3段階は，「見知らぬ者同志の出会い（第1段階）」「中間状況的関係（第2段階）」「親密な関係（第3段階）」であり，それぞれ本研究で得られた「初対面の関係」「半見知りの関係」「友人関係」に対応している。また，その中でも特に「中間状況的関係」が最もストレスフルであることが強調されている。この段階は人間関係の形成過程において最もあいまいな状況であるので，「中間状況的関係」のあいまいさに非寛容な者は，緊張感や恐怖感が生じやすいことが予測される。最後に，適合度が単一因子モデルよりも3因子モデルの方が高かった点である。以上の理由から，本研究では単一因子モデルではなく3因子モデルを採用した。

　本研究では，項目候補の作成過程に自由記述調査を採用したことにより，対人場面において生じるあいまいさを調査協力者がどのように考えたり感じたりしているのかを把握することができた。得られた記述をKJ法により8つのカテゴリーに分類したが，これらのカテゴリーに含めることができなかった記述も散見された。本研究では，あいまいさを生じる対象の明確化をカテゴリーに分類する際のポイントとしたので，それらの記述においてあいまいさを生じる対象が明記されていないものは項目候補にはならなかった。しかし，尺度構成に直接反映されなかった場面，すなわち8つのカテゴリーに分類できなかった場面が多数みられたということから，対人場面におけるあいまいさが人によって実に様々に捉えられていることが分かった。今までに開発されてきた尺度のほとんどが，あいまいさを研究者の主観的観点により設定してきたことを考えると，本研究で得られた自由記述の結果はそれとは異なるものが得られたという点で，意義があると言える。

　なお，本研究で得られたカテゴリーは上述のとおり対人場面で生じるあいまいさの一部であるので，IIAS-Rを用いて得られた結果を対人場面全体および

あいまいさ概念全体に一般化することは慎重におこなうべきである。研究の目的によっては，確認的因子分析で落とされたカテゴリーおよびカテゴリーに含めることができなかった記述（例えば，「対人関係におけるあいまいさはじゅんかつ油」など）を再検討し，改めて尺度化する必要があることを付記しておく。

得点分布および正規性の検討　Table 2-10 に，各カテゴリーの合計得点の歪度，尖度，得点範囲をそれぞれ示した。佐々木・山崎（2002）は，歪度および尖度の値が -1.0 から +1.0 の範囲であれば得点分布に正規性があることを示唆している。本研究で得られた歪度および尖度の値はすべてその基準を満たしているので，3つのカテゴリーの得点分布すべてに正規性があると判断した。

記述統計量および性差の検討　Table 2-10 に，各カテゴリーの合計得点の平均値および標準偏差をそれぞれ全体および男女別に示した。なお，性差を検討するために各得点について t 検定をおこなったところ，いずれのカテゴリーにおいても有意差はみられなかった。

Table 2-10　各カテゴリーの平均値・標準偏差・歪度・尖度および得点範囲

	全体		男性		女性		t 値	歪度	尖度	得点範囲
	M	SD	M	SD	M	SD				
初対面の関係	27.63	6.50	28.17	6.44	26.95	6.54	1.710	-.380	.202	6〜42 点
半見知りの関係	26.23	6.56	26.19	6.59	26.28	6.54	.123	-.051	-.078	9〜42 点
友人関係	20.21	5.33	20.19	5.77	20.24	4.75	.097	-.209	.502	6〜35 点

GP 分析　3つのカテゴリーについて，それぞれの合計得点の中央値で上位群と下位群に分け，項目ごとに t 検定による GP 分析をおこなった。その結果，すべての項目で有意差がみられ（$p<.001$），いずれも下位群に比べて上位群の方が高かった。このことから，各項目の弁別性が示された。

内的整合性の検討　3つのカテゴリーについて，それぞれ Cronbach の α 係数を算出した結果，初対面の関係におけるあいまいさへの非寛容は .77，半見知りの関係におけるあいまいさへの非寛容は .73，友人関係におけるあいまいさへの非寛容は .65 であった。友人関係におけるあいまいさへの非寛容の α 係数の値が他と比べて低いが，項目数が少ないことを考慮して，許容範囲である

と判断した。また，他の2つのカテゴリーにおいては，一定程度の内的整合性が示された。

3. 調査2
目　的
　調査2では，研究1より得られたIIAS-Rの構成概念妥当性を検討することを目的とする。ここでは，2種類の尺度（対人不安尺度，独断主義尺度）との相関を求めた。Leary（1983/邦訳, 1990）は，一般に他者との相互作用においてあいまいな状況が生じると，対人不安を経験しやすくなることを示唆している。このことを考慮すると，あいまいさに敏感とも言える非寛容な者は寛容な者に比べて，より対人不安を感じることが想定される。その点から，IIAS-Rと対人不安尺度との間には正の相関がみられると予測される。また，独断主義者は自分が信じる者に対しての受容度が高い一方で，自分が信じない者に対しての拒否度が高い（Rokeach, 1960）ので，他者との相互作用であいまいさが生じると，その相手が信じられるかどうか分からなくなり，「白か黒か式の解決」に頼り（Frenkel-Brunswik, 1954），結果として相手のことを信じられず，関係を一方的に絶とうとすることが考えられる。つまり，独断主義傾向の強い者は，他者との相互作用において生じたあいまいな場面では，そのようなあいまいさを許せないので，あいまいさに非寛容であると言える。その点から，IIAS-Rと独断主義尺度との間には正の相関がみられると予測される。

方　法
　調査協力者および調査時期　調査協力者は，京都府下の私立大学において心理学関連の授業を受講する大学生であった。本研究では，有効回答が得られた229名（男子125名，女子104名）を分析の対象にした。平均年齢は19.71歳であり，SDは1.00歳であった。調査時期は，2003年1月上旬であった。

　実施方法　授業時間中に質問紙を配布し，約1週間の提出期限を設け，後日回収した。

測　度
　対人場面におけるあいまいさへの非寛容　調査1で作成されたIIAS-Rを用いた。調査2では，調査1で得られた17項目をランダムに入れ替え，それぞ

れ「全く同意しない（1点）」から「とても強く同意する（7点）」までの7件法で回答を求めた。分析には，各カテゴリーの合計得点をそれぞれ算出して用いた。

対人不安　　毛利・丹野（2001）によって作成された，状況別対人不安尺度30項目を用いた。各項目について「全く当てはまらない（1点）」から「非常に当てはまる（5点）」までの5件法で回答を求めた。この尺度は，対人不安を感じるほど得点が高くなるように構成されている。分析には全項目の合計得点を算出して用いた。

独断主義　　Rokeach（1960）によって作成された，独断主義尺度日本語版（善明, 1989）40項目を用いた。各項目について，善明に倣い「まったくちがう（1点）」「だいたいにおいてちがう（2点）」「どちらかといえばちがう（3点）」「どちらかといえばそうだ（5点）」「だいたいにおいてそうだ（6点）」「まったくそうだ（7点）」の6つの欄を設定し，それぞれ回答を求めた[2]。この尺度は，独断主義的であるほど得点が高くなるように構成されている。分析には全項目の合計得点を算出して用いた。

結果と考察

構成概念妥当性の検討　　IIAS-R の構成概念妥当性を検討するために，2種類の尺度（対人不安尺度，独断主義尺度）との間の相関係数をそれぞれ算出した。その結果を Table 2-11 に示す。3つのカテゴリーすべてと対人不安尺度お

Table 2-11　各測度間の相関係数

	初対面の関係	半見知りの関係	友人関係	対人不安	独断主義
初対面の関係	—	.68***	.34***	.52***	.22**
半見知りの関係		—	.44***	.44***	.23**
友人関係			—	.29***	.30***

初対面の関係 = 初対面の関係におけるあいまいさへの非寛容
半見知りの関係 = 半見知りの関係におけるあいまいさへの非寛容
友人関係 = 友人関係におけるあいまいさへの非寛容
**$p<.01$　***$p<.001$

2）オリジナルの独断主義尺度（Rokeach, 1960）では無回答項目に4点を割り当てており，善明（1989）もそれに倣っている。本研究では，無回答項目がある調査協力者のデータは分析から除外したので，結果として4点は存在しなかったことになる。

よび独断主義尺度との間に有意な正の相関がみられ，それぞれのカテゴリーにおいてある程度の構成概念妥当性が示された。また，3つのカテゴリー間の相関係数を算出した。その結果も併せて Table 2-11 に示す。3つのカテゴリーすべての組合せで，有意な正の相関（$r=.34 \sim .68$）がみられた。

　関連性の強さを比較すると，初対面の関係におけるあいまいさへの非寛容（$r=.52$）および半見知りの関係におけるあいまいさへの非寛容（$r=.44$）に比べて，友人関係におけるあいまいさへの非寛容（$r=.29$）は対人不安との関連性が弱かった。本研究で用いた状況別対人不安尺度（毛利・丹野, 2001）は，項目内容を見てみると，どちらかというとあまり親しくない人との相互作用で生じる対人不安に関するものが多い。そのために，友人関係におけるあいまいさへの非寛容のみ関連性が弱くなったと考えられる。また，本研究では対人不安が生じる状況を考慮せず一次元の尺度として対人不安尺度を用いたので，状況別に相関係数を算出すると，有意なものと有意ではないものがでてくると考えられる。一方，IIAS-R と独断主義尺度との相関係数を算出した結果，弱いながらも3つのカテゴリーすべてで予測された関連性がみられた（$r=.22 \sim .30$）。Norton（1975）は，MAT-50 と独断主義尺度との間に有意な関連性がみられなかったことを指摘している。独断主義尺度は「他者に対して開かれているか，閉じられているか（Rokeach, 1960）」という対人場面に関連した概念であるが，MAT-50 の8つの下位カテゴリーには，対人場面に関連のあるものと関連のないものが混在しており，対人場面に関連のない下位カテゴリーが含まれているため，結果として有意な相関がみられなかったと考えられる。一方，本研究で作成した IIAS-R は対人場面に限定した尺度であるので，独断主義尺度との間に有意な関連性がみられた可能性がある。

4. 調査3

目　的

　調査3では，調査1より得られた IIAS-R の再検査信頼性を検討することを目的とする。

方法

調査協力者および調査時期　　調査協力者は，京都府下の私立大学および短

期大学において心理学関連の授業を受講する大学生および短大生であった。本研究では,有効回答が得られた83名(男性26名,女性57名)を分析の対象にした。平均年齢は19.41歳であり,SDは4.96歳であった。調査時期は,2003年4月中旬(時点1)および7月上旬(時点2)の2時点であり,調査間隔は約3ヶ月であった。

実施方法　2時点とも授業時間中に質問紙を配布し,約1週間の提出期限を設け,後日回収した。

測　　度

対人場面におけるあいまいさへの非寛容　調査2と同じものを用いた。

結果と考察

再検査信頼性の検討　IIAS-Rの再検査信頼性を検討するために,2時点の相関係数を算出した。約3ヶ月の調査間隔をおいて再検査信頼性係数を算出したところ,それぞれのカテゴリーにおいてほぼ十分な安定性(r=.66, .70, .73)が示された。前節で作成されたIIASの再検査信頼性は同じく約3ヶ月の調査間隔でr=.57〜.73であり,再検査信頼性の下限が上昇し,安定性が増した。

第5節　ま と め

　本章では,研究1〜研究3を通じて,既存のあいまいさへの非寛容尺度であるMAT-50の下位カテゴリーの不適切性に関する問題点を指摘し,それをもとに新しいあいまいさへの非寛容尺度であるIIASおよびIIAS-Rを作成し,その信頼性および妥当性を検討した。

　第2節研究1において,探索的因子分析および確認的因子分析の結果により,MAT-50の8下位カテゴリーの不適切性を指摘するに従って,第3節研究2において対人場面に領域を絞ったIIASを作成した。しかし,項目選定の時点で,生活領域全般にわたるあいまいさへの非寛容に関する項目を含んでしまったことにより,探索的因子分析の結果対人場面とは関係のない項目と,対人場面に関する項目が混在してしまい,普遍的な反応と状況特異的な反応が1つの因子を形成してしまった。また,項目選定の際に,対人場面の状況設定が不明確であったために,結果としてまとまりの低い因子が抽出されたことは否め

ない。

　そこで第4節研究3では，第3節研究2で作成したIIASの問題点を改善することを主眼に置き，自由記述調査から対人場面におけるあいまいさを捉え直し，改めてIIAS-Rを作成した。まず，自由記述調査の結果をもとに，確認的因子分析を用いて初対面の関係におけるあいまいさへの非寛容，半見知りの関係におけるあいまいさへの非寛容，友人関係におけるあいまいさへの非寛容の3つの下位尺度を構成した。次に得点分布や記述統計量の確認をおこない，内的整合性・構成概念妥当性・再検査信頼性を検討した。その結果，いずれの指標もほぼ実用に耐え得るまで改善された。以上より，IIAS-Rは信頼性および妥当性を兼ね備えた尺度であることが示唆された。

　本研究で作成されたIIASとIIAS-Rの差異は，前者が探索的に項目を作成した一方で，後者が最初から下位尺度を想定して項目を作成したという，尺度作成過程の手続き的な違いによって生じたものであると考えられる。これらのことを踏まえて，次章以降では一部を除いて第4節研究3で作成したIIAS-Rをあいまいさへの非寛容尺度として用い，精神的健康度との関連性を検討していく。

第3章
あいまいさへの非寛容とストレスコーピング

第1節　本章で検討する問題

　本章では，パーソナリティと精神的健康度との間を媒介する認知的評価およびコーピングについて検討をおこなう。まず，Endler（1983）による主要な3つのストレス状況（対人関係状況，身体的脅威状況，社会的評価状況）の差異により，あいまいさへの非寛容と認知的評価およびコーピングとの関連性にどのような差異がみられるかを，Lazarus & Folkman（1984／邦訳，1991）による心理的ストレスモデルを用いて検討する。続いて，心理的ストレスモデルに基づいて提唱された，加藤（2001）による対人ストレスモデルに従い，対人場面におけるあいまいさへの非寛容と精神的健康度の間に認知的評価および対人ストレスコーピングが媒介するかどうかを，特性的アプローチおよび状況的アプローチの両側面から検討する。

1. 包括的コーピングとイベント特定コーピング

　加藤（2004）は，コーピングの対象となるストレスフルな状況を，範囲の大小により「すべての生活領域で遭遇するストレスフルな状況」と，「特定のストレスフルな状況」とに分類可能であり，前者に対するコーピングを測定目的とする尺度を「包括的コーピング尺度」，後者に対するコーピングを測定目的とする尺度を「イベント特定コーピング尺度」としている。包括的コーピング尺度には，Ways of Coping Questionnaire（Folkman & Lazarus, 1988）およびその日本向改訂版であるストレスコーピングインベントリー（日本健康心理学研究所, 1996），Coping Inventory for Stress Situations（Endler & Parker, 1990）などがある。その一方で，イベント特定コーピング尺度には，慢性疼痛に対するコーピングを測定目的とする Coping Style Questionnaire（Rosenstiel & Keefe,

1983),職場ストレスに対するコーピングを測定目的とする Occupational Stress Indicator（Cooper, Sloan, & Williams, 1988），対人ストレスイベントに対するコーピングを測定目的とする対人ストレスコーピング尺度（加藤，2000, 2002）など，それぞれ異なる特定のイベントをターゲットにしたものがいくつか開発されている。加藤（2000）によると，上述のようなイベント特定コーピング尺度は，「調査協力者の報告したストレスイベントに対して使用することができない不適切な項目が少なからず含まれている」という包括的コーピング尺度のもつ問題点を回避することができる。さらに，項目内容をより具体的に作成することができ，回想法による再認の変容を防ぐこともできる。これらの点から，イベント特定コーピング尺度は包括的コーピング尺度より優れていると考えられる。以上を踏まえて，本研究ではイベント特定コーピングの範疇に入る対人ストレスコーピング尺度に着目する。

対人ストレスコーピング尺度は，積極的に肯定的な人間関係を成立・改善・維持するために努力するポジティブ関係コーピング，人間関係を積極的に放棄・崩壊するネガティブ関係コーピング，人間関係によって生じるストレスフルな出来事をいったん距離をおいて留保し，問題から回避する解決先送りコーピングの3つの下位尺度がある（加藤，2000）。例えば，友達とけんかをした状況においては，その友達と積極的に仲直りしようとすることがポジティブ関係コーピング，その友達と絶交してしまうことがネガティブ関係コーピング，ほとぼりが冷めるまでその友達と距離をおいておくことが解決先送りコーピングに，それぞれ該当する。対人ストレスイベントに特化したコーピングを測定することが可能であるという点で，対人ストレスコーピング尺度は対人ストレスモデルを検証する際に有効であることが示唆されている（加藤，2001）。その有効性の一例として，解決先送りコーピングは精神的健康の様々な指標に良い影響を与えることが，複数の研究で示されている（レビューとして，加藤，2004）。これは，従来の研究では見いだせなかった対人ストレスコーピング尺度独自の知見である。以上のことから，あいまいさへの非寛容を対人ストレスモデルに当てはめた場合，包括的コーピング尺度ではなく対人ストレスコーピング尺度を用いることで，より詳細な検証が可能になると考えられる。

2. 特性的コーピングと状況的コーピング

　コーピングは、前述の包括的コーピングとイベント特定コーピングという分類とは別次元の、「特性的コーピング」と「状況的コーピング[3]」という分類もできる。この分類は、測定尺度の質問形式の違いに由来する。特性的コーピングは、コーピングを特性論的立場から捉えたものであり、「ストレス状況に置かれたときに、普段どのような対処をおこなうか」というような教示で、コーピングの使用状況を測定する。一方、状況的コーピングは、コーピングをストレス・プロセスの立場から捉えたものであり、「最近経験した最もストレスフルな出来事に対して、どのような対処をおこなったか」というような教示で、コーピングの使用状況を測定する。

　特性的コーピング尺度と状況的コーピング尺度の特徴を比較した加藤（2004）は、状況的コーピング尺度のみに様々な問題点があることを指摘した。具体的には、測定したものがコーピングの選択に関する個人差なのかコーピング機会の個人差なのか区別できない、回想法によって得られたコーピングは普段使用しているコーピングが反映されているために特性的コーピングを測定している可能性がある、再検査法による信頼性の検証がおこなわれない、1つのコーピングで望ましい効果を得られれば類似したコーピングを使用しなくなるために内的整合性が低くなる、などが問題点として挙げられた。そして、特性的コーピング尺度はこれらの問題点を克服することができるために、状況的コーピング尺度よりも優れていることを加藤は示唆している。以上のことから、対人ストレスコーピング尺度は特性的コーピング尺度の形式で作成されている（加藤, 2000）。

　その一方で佐々木・山崎（2004）は、共通の項目を用いて特性的コーピングと状況的コーピングの双方が精神的健康に与える影響を比較検討した場合、一貫した結果が得られていないことを挙げている。そして、特性的コーピングと状況的コーピングの予測力の違いを解明することの重要性を示唆している。そこで、対人ストレスコーピングを特性的コーピングと状況的コーピングの両側

---

　3) 加藤（2004）は、状況的コーピングが本節第1項で述べたイベント特定コーピングを意味する場合があるとして、エピソード・コーピングという用語を用いている。しかし、本研究では佐々木・山崎（2004）に倣い、あえて状況的コーピングと表記した。

面から測定することで，どちらのコーピングがよりあいまいさへの非寛容の影響を受け，より精神的健康を予測するか検証する必要があろう。

3. コーピングの性差

田中（2005）は，コーピングの性差を検討した先行研究を概観し，男性は「積極的・問題解決型コーピング」，女性は「消極的・問題回避型コーピング」を比較的多く使う傾向があることを示唆している。しかし，その傾向は一貫性があるものではないことも示唆している。これらのことから，コーピングには性差が認められることが想定できるが，未解明な部分も残されていると言えよう。このことを踏まえると，あいまいさへの非寛容とコーピングとの関連性を検討する際には男女別に分析することで，興味深い性差を見いだすことができるかもしれない。

そこで本章では，研究4であいまいさへの非寛容と特性的認知的評価およびコーピングとの関連性が，主要な3つのストレス状況でどのように異なるか検討する。その結果を踏まえ，研究5では対人場面におけるあいまいさへの非寛容が特性的認知的評価および特性的対人ストレスコーピングを媒介して精神的健康にどのような影響を与えるか検討する。さらに，研究6では対人場面におけるあいまいさへの非寛容が状況的認知的評価および状況的対人ストレスコーピングを媒介して精神的健康にどのような影響を与えるか検討し，研究5の結果と比較検討する。なお，精神的健康には抑うつや不安などのストレス反応のようにネガティブな結果変数だけではなく，適応，生活満足感，自己充足感，個人モラール，さらには精神的健康などを包摂した人間の精神生活についての，トータルな意味での積極的な良い状態を表す（吉森, 1994），いわばストレス反応とは対をなす範疇に入る概念であるハピネスのように，ポジティブな結果変数もある。よって研究5および研究6では，結果変数としてストレス反応とハピネスをあわせて測定する。

第2節 あいまいさへの非寛容と特性的認知的評価・ストレスコーピングとの関連性（研究4）

1. 目的

　Lazarus & Folkman（1984/ 邦訳, 1991）による心理的ストレスモデルを参考に，あいまいさへの非寛容が認知的評価を媒介し，ストレスコーピングにどのような影響を与えるかを，第1節で述べた3つのストレス状況ごとに，場面想定法を用いた特性的アプローチから検討することを第1の目的とする。また，性差を検討することを第2の目的とする。

2. 方　　法

調査協力者および調査時期

　調査協力者は，京都府下の大学において心理学関連の授業を受講する大学生129名（男子55名，女子74名）であった。平均年齢は19.80歳であり，SD は2.14歳であった。調査時期は，1999年7月中旬から下旬にかけてであった。

測　　度

　MAT-50日本語版　　第2章研究1および研究2で用いた，MAT-50日本語版を用いた。

　認知的評価尺度　　岡安（1992）の研究で用いられた認知的評価尺度を使用した。具体的な尺度の内容は，新名・矢富・坂田（1988）による認知的評価に関する質問紙のうち，4つの評価カテゴリー（影響性・妨害性・脅威性・コントロール可能性）に含まれる項目を各5項目選択したものであり，合計20項目からなる。「まったくあてはまらない（1点）」から「非常にあてはまる（4点）」までの4件法で評価するよう求めた。この尺度は，項目の合計得点が高いほど各々の認知的評価をする傾向があることを示している。

　コーピング尺度　　岡安（1992）の研究で用いられたコーピング尺度を使用した。具体的な尺度の内容は，坂田（1989）のコーピング尺度のうち，10のカテゴリー（計画・情報収集・再検討・努力・問題価値の切り上げ・問題価値の切り下げ・思考回避・諦め・開き直り・静観）に含まれる項目を各2項目選択したものであり，合計20項目からなる。「まったくあてはまらない（1点）」か

ら「非常にあてはまる（4点）」までの4件法で評価するよう求めた。この尺度は，項目の合計得点が高いほど各々のコーピングをする傾向が高いことを示している。

認知的評価尺度，コーピング尺度ともに，冒頭に対人関係，身体的脅威，社会的評価の3つのストレス状況が示されており，状況ごとに各々20項目を提示するという形式で構成されている。3つのストレス状況の具体的な内容は，岡安 (1992) による以下のものである。対人関係状況は，例えば家族や親しい友人・異性と不仲になったり，友人から嫌われたり，けなされたり，裏切られたりするなどの状況である。身体的脅威状況は，例えば事故や病気で病院に通ったり，何となく体の具合が悪かったり，危険なまたは過重な仕事をしなければならないなどの身体的苦痛を感じる状況である。社会的評価状況は，例えば自分の仕事や学業について悪い評価を受けたり，自分のやることが他人に認められなかったり，大勢の前で発表しなければならないなどの状況である。

実施方法

心理学実験室において，上記の質問紙を最多で10人までの少人数による集団法で実施した。調査協力者にはあいまいさへの非寛容尺度，認知的評価尺度，コーピング尺度の順に回答してもらった。なお，回答用紙にマークシートを採用した。

3. 結　　果

尺度の検討

前章研究1で指摘したように，MAT-50は探索的因子分析では解釈可能な複数因子を抽出することができない。よって本研究では1因子性であると判断し，全項目の合計得点を算出して分析に用いることにした。なお，α係数は.85であった。

次に，認知的評価尺度の20項目について，主因子法による探索的因子分析を状況ごとにおこなった。固有値の減衰状況および因子の解釈可能性を考慮して2因子を抽出し，バリマックス回転をおこなった。その結果，Table 3-1に示すように3つの状況でほぼ一貫した因子構造が得られた。以後の分析には，どちらの因子に対する因子負荷量も.40に満たない項目を削除した，各因子の合計

第 2 節　あいまいさへの非寛容と特性的認知的評価・ストレスコーピングとの関連性（研究 4）

Table 3-1　認知的評価尺度の状況別因子分析表

	対人関係状況			身体的脅威状況			社会的評価状況		
	FACTOR 1	FACTOR 2	共通性	FACTOR 1	FACTOR 2	共通性	FACTOR 1	FACTOR 2	共通性
1. 私の生活を変えるものだと思う	.586	.177	.374	.582	-.185	.373	.636	-.064	.408
2. 私にとって重要なことだと思う	.585	-.059	.346	.567	-.114	.334	.545	.130	.314
3. 私を困らせることだと思う	.622	-.098	.397	.603	-.044	.365	.639	-.110	.421
4. 私のやりたいことを妨げると思う	.461	-.107	.224	.597	.051	.359	.523	-.133	.291
5. 私自身や私の生活を脅かすことだと思う	.726	-.059	.531	.702	-.181	.525	.691	-.223	.527
6. 私にとって衝撃的なことだと思う	.686	-.048	.473	.602	-.326	.469	.621	.055	.389
7. 私にとって大切なものを奪うことだと思う	.496	-.038	.248	.569	-.374	.464	.683	-.218	.514
8. 私自身に影響を与えるものだと思う	.720	.021	.518	.579	-.341	.452	.510	.000	.260
9. 私にとってつらい，苦痛なことだと思う	.639	-.254	.473	.565	-.177	.351	.713	.064	.512
10. 私にとって切実なことだと思う	.726	-.109	.539	.653	-.292	.512	.668	.068	.451
11. 私にとって重荷や負担になることだと思う	.709	-.204	.544	.642	-.191	.448	.630	.017	.397
12. 私を危機に陥れることだと思う	.655	-.187	.464	.497	-.428	.431	.700	-.173	.520
13. 私の生き方に影響を与えるものだと思う	.566	.075	.326	.493	-.460	.454	.556	-.031	.310
14. 私にとって煩わしいことだと思う	.341	-.192	.153	.505	-.108	.266	.513	-.132	.281
15. 私を傷つけることだと思う	.632	-.173	.429	.523	-.406	.438	.690	-.002	.476
16. この状況を引き起こした原因を取り除いたり，変化させたりすることができると思いますか	.030	.611	.375	-.022	.486	.237	.079	.694	.488
17. この状況に対して何らかの対処をする際に役立つもの（たとえば，人間関係・経済力・過去の経験など）を持っていますか	-.045	.738	.547	-.124	.482	.248	-.032	.834	.697
18. この状況に対して，どのように対処すればよいのかわかっていますか	-.177	.733	.568	-.163	.600	.387	-.156	.828	.709
19. この状況を何とかできる（解消・解決・改善できる）と思いますか	-.147	.815	.686	-.117	.839	.718	-.029	.878	.772
20. この状況において，平静な楽な気持ちをすぐ取り戻すことができると思いますか	-.434	.234	.243	-.251	.604	.428	-.473	.379	.367
固有値	5.99	2.46		5.19	3.07		6.12	2.99	
寄与率	29.95	12.30		25.95	15.35		30.60	14.95	
累積寄与率	29.95	42.25		25.95	41.30		30.60	45.55	
α 係数（項目削除後）	.90	.77		.90	.77		.90	.84	

得点を算出して用いた。2因子の累積寄与率は，42.25%〜45.55%の範囲であった。なお，α係数は.77〜.90の範囲であった。

　第1因子は，新名他（1988）による影響性・妨害性・脅威性のカテゴリーに関する項目に高い因子負荷を示していた。岡安（1992）は，「この3つのカテゴリーを衝撃性という1つのカテゴリーにまとめて考えることも可能である」と述べているので，それに倣い，「衝撃性」因子と解釈した。第2因子は，新名他によるコントロール可能性のカテゴリーに関する項目に高い因子負荷を示していた。よって，「コントロール可能性」の因子と解釈した。

　最後に，コーピング尺度の20項目について，主因子法による探索的因子分析を状況ごとにおこなった。固有値の減衰状況および因子の解釈可能性を考慮して2因子を抽出し，バリマックス回転をおこなった。その結果，Table 3-2に示すように対人関係状況・社会的評価状況と身体的脅威状況とでは因子負荷のパターンが逆になったが，3つの状況でほぼ一貫した因子構造が得られた。以後の分析には，どちらの因子に対する因子負荷量も.40に満たない項目を削除した，各因子の合計得点をそれぞれ算出して用いた。2因子の累積寄与率は，34.7%〜44.6%の範囲であった。なお，α係数は.76〜.89の範囲であった。

　第1因子（身体的脅威状況は第2因子）は，坂田（1989）による問題価値の切り下げ・思考回避・諦め・開き直り・静観のカテゴリーに関する項目に高い因子負荷を示していた。よって，自分からは積極的に行動しないコーピングを表していると考え，「消極的対処」因子と解釈した。第2因子（身体的脅威状況は第1因子）は，坂田による計画・情報収集・再検討・努力・問題価値の切り上げのカテゴリーに関する項目に高い因子負荷を示していた。よって，自分から積極的に行動するコーピングを表していると考え，「積極的対処」因子と解釈した[4]。

　これらは，本研究で設定した3つの状況すべてにおいて同様の因子構造であった。この結果は，Lazarus & Folkman（1984/ 邦訳，1991）の心理的ストレスモデルに対応した因子構造であると言えよう。

---

[4] 一般的に積極的というのはポジティブで，消極的というのはネガティブというイメージがあるが，本研究で用いられている積極的対処という語句には直截的・衝動的・短絡的という意味が，消極的対処という語句には慎重・熟慮的という意味が含められている。

Table 3-2 コーピング尺度の状況別因子分析表

	対人関係状況			身体的脅威状況			社会的評価状況		
	FACTOR 1	FACTOR 2	共通性	FACTOR 1	FACTOR 2	共通性	FACTOR 1	FACTOR 2	共通性
1. やるべきことを考える	.011	.579	.335	.501	-.050	.254	-.094	.679	.471
2. その問題のことで深刻にならないようにする	.604	.196	.403	.206	.385	.191	.605	-.035	.367
3. 新聞・本・雑誌・テレビ等から，その問題に関連した情報を得る	.115	.343	.131	.518	-.128	.285	-.155	.642	.436
4. 先のことについてあまり考えないようにする	.559	-.019	.313	-.008	.401	.161	.569	-.049	.326
5. 状況を思い返し，それを把握しようとする	-.189	.555	.343	.380	-.024	.145	-.212	.673	.498
6. どうしようもないのであきらめる	.538	-.351	.413	-.449	.531	.484	.584	-.319	.443
7. その状況を変えるよう努力する	-.308	.665	.537	.638	-.050	.410	-.257	.711	.572
8. なるようになれと思う	.700	-.256	.555	-.311	.611	.470	.712	-.291	.591
9. 試練の機会だと思うことにする	.192	.251	.100	.230	.335	.166	.128	.477	.244
10. 時の過ぎるのにまかせる	.655	-.263	.499	-.281	.703	.573	.761	-.142	.600
11. 対策を立てる	-.213	.659	.480	.702	-.149	.515	-.225	.685	.519
12. 大した問題ではないと考えることにする	.719	.070	.522	.113	.558	.324	.696	-.171	.514
13. 人から，その問題に関連した情報を得る	-.191	.350	.159	.556	-.109	.322	-.121	.585	.357
14. その状況についてあまり考えないようにする	.763	.081	.589	-.180	.556	.341	.731	-.119	.548
15. 問題の原因を見つけようとする	-.402	.534	.447	.545	-.014	.297	-.308	.593	.447
16. 不運だと考え，あきらめる	.546	-.201	.339	-.391	.613	.528	.647	-.218	.466
17. 自分自身の何かを変えるよう努力する	-.225	.569	.374	.618	-.126	.398	-.208	.632	.443
18. 開き直る	.640	-.162	.436	-.167	.490	.268	.693	-.222	.530
19. その経験から何かしら得るところがあると考える	.192	.380	.171	.563	.313	.415	.001	.536	.287
20. 問題の成行きを見る	.480	-.093	.239	-.017	.625	.390	.515	.051	.268
固有値	4.43	2.96		3.57	3.37		4.66	4.26	
寄与率	22.15	14.80		17.85	16.85		23.30	21.30	
累積寄与率	22.15	36.95		17.85	34.70		23.30	44.60	
α係数（項目削除後）	.87	.76		.82	.79		.89	.87	

各測度間の相関係数

Table 3-3〜3-5 に,各測度間の相関係数を状況ごとに示す。あいまいさへの非寛容とその他の変数との相関係数に着目すると,対人関係状況(Table 3-3)では,男女ともあいまいさへの非寛容と衝撃性との間に有意な正の相関がみら

Table 3-3 各測度間の相関係数(対人関係状況)

	衝撃性	コントロール可能性	積極的対処	消極的対処	あいまいさへの非寛容
衝撃性	—	-.16	.28*	-.29*	.50***
コントロール可能性	-.24*	—	.16	-.31*	.06
積極的対処	.16	.13	—	-.26	.18
消極的対処	-.20	.16	-.42***	—	-.25
あいまいさへの非寛容	.28*	-.02	.45***	-.13	—

右上:男性　左下:女性
*$p<.05$　**$p<.01$　***$p<.001$

Table 3-4 各測度間の相関係数(身体的脅威状況)

	衝撃性	コントロール可能性	積極的対処	消極的対処	あいまいさへの非寛容
衝撃性	—	-.45**	.22	-.16	.26
コントロール可能性	-.48***	—	.28*	.13	-.07
積極的対処	.15	.20	—	-.41**	-.02
消極的対処	-.27*	.19	-.24*	—	.18
あいまいさへの非寛容	.02	.02	.04	.20	—

右上:男性　左下:女性
*$p<.05$　**$p<.01$　***$p<.001$

Table 3-5 各測度間の相関係数(社会的評価状況)

	衝撃性	コントロール可能性	積極的対処	消極的対処	あいまいさへの非寛容
衝撃性	—	-.23	.43**	-.32*	.51***
コントロール可能性	.01	—	.45**	-.18	.18
積極的対処	.22	.25*	—	-.52***	.62***
消極的対処	-.09	-.07	-.30*	—	-.39**
あいまいさへの非寛容	.44***	-.03	.38**	-.24*	—

右上:男性　左下:女性
*$p<.05$　**$p<.01$　***$p<.001$

れた。また，女性ではあいまいさへの非寛容と積極的対処との間に有意な正の相関がみられた。身体的脅威状況（Table 3-4）では，男女ともあいまいさへの非寛容とその他の変数との間には有意な相関がみられなかった。社会的評価状況（Table 3-5）では，男女ともあいまいさへの非寛容と衝撃性，積極的対処との間に有意な正の相関，あいまいさへの非寛容と消極的対処との間に有意な負の相関がみられた。以上より，あいまいさへの非寛容は状況によって他の変数との関連性が異なることが示された。

あいまいさへの非寛容とストレス事象の認知的評価およびコーピングとの関連性の検討

あいまいさへの非寛容がストレス事象の認知的評価とコーピングに与える影響を検討するために，重回帰分析によるパス解析をおこなった。分析は状況ごとおよび性別ごとにおこなった。なお，パス係数は標準化偏回帰係数を用い，有意であったもののみを図示した。

まずあいまいさへの非寛容を説明変数とし，衝撃性を基準変数とする単回帰分析をおこなった。次に，あいまいさへの非寛容と衝撃性をそれぞれ説明変数とし，コントロール可能性を基準変数とする重回帰分析をおこなった。最後に，あいまいさへの非寛容，衝撃性，コントロール可能性をそれぞれ説明変数とし，積極的対処，消極的対処をそれぞれ基準変数とする重回帰分析をおこなった。

対人関係状況では，男性の場合あいまいさへの非寛容が衝撃性を介して消極的対処に負の影響を与えていた（Figure 3-1）。一方女性の場合あいまいさへの非寛容が直接積極的対処に正の影響を与えており，また衝撃性を介してコントロール可能性に負の影響を与えていた（Figure 3-2）。身体的脅威状況では，男女ともあいまいさへの非寛容は他の変数に影響を与えていなかった。社会的評価状況では，男性の場合あいまいさへの非寛容が直接積極的対処に正の影響を与えており，また衝撃性，コントロール可能性を介して積極的対処に負の影響を与えていた（Figure 3-3）。一方女性の場合あいまいさへの非寛容が直接衝撃性および積極的対処に正の影響を与えていた（Figure 3-4）。以上より，あいまいさへの非寛容は状況および性別の違いにより，ストレス事象の認知的評価およびコーピングに異なる影響を与えることが示された。

50　第 3 章　あいまいさへの非寛容とストレスコーピング

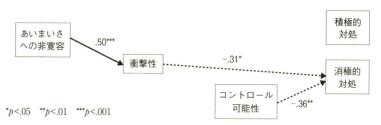

$^*p<.05$　$^{**}p<.01$　$^{***}p<.001$

Figure 3-1　対人関係状況におけるあいまいさへの非寛容と認知的評価およびコーピングとの関係（男性）

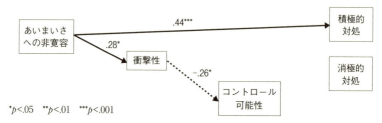

$^*p<.05$　$^{**}p<.01$　$^{***}p<.001$

Figure 3-2　対人関係状況におけるあいまいさへの非寛容と認知的評価およびコーピングとの関係（女性）

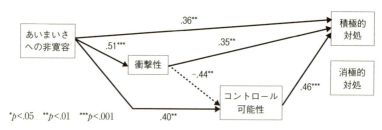

$^*p<.05$　$^{**}p<.01$　$^{***}p<.001$

Figure 3-3　社会的評価状況におけるあいまいさへの非寛容と認知的評価およびコーピングとの関係（男性）

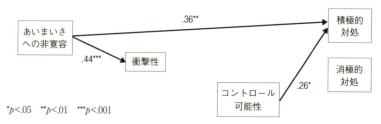

$^*p<.05$　$^{**}p<.01$　$^{***}p<.001$

Figure 3-4　社会的評価状況におけるあいまいさへの非寛容と認知的評価およびコーピングとの関係（女性）

4. 考　察
相関係数に関して
　対人関係状況および社会的評価状況においては，男女ともあいまいさへの非寛容と衝撃性との間に正の関連がみられ，社会的評価状況においては，男女ともあいまいさへの非寛容と積極的対処との間に正の関連，消極的対処との間に負の関連がみられた。一方で，これらの関連性はすべて，身体的脅威状況においてはみられなかった。吉川（1986）は，あいまいさに寛容であることを自我強度と関連づけて理解することを試みている。この見地に立つと，あいまいさに非寛容な者は自我強度が弱く，自我脅威状況に置かれた際にたやすく動揺することが想定される。また，対人関係状況および社会的評価状況が自我脅威状況として認知される状況であるのに対して，身体的脅威状況は自我脅威状況として認知されない状況であると考えられよう。これらを踏まえると，本研究の結果から，あいまいさへの非寛容とストレス事象の認知的評価およびコーピングとの間の関連性は，すべての状況においてみられるものではなく，自我脅威状況でのみみられることが明らかになった。

パス解析に関して
　女性の結果に着目すると，あいまいさに非寛容な女性は置かれた状況が自分にとって衝撃的かどうか，そしてその状況をコントロールできるかといった認知的評価がなされることなく，コーピングをすることが示された。あいまいさに非寛容な女性は，対人関係状況や社会的評価状況といった自我脅威状況に置かれた際，その状況が衝撃的であるとかコントロール不可能であるとか考える前に，一刻も早くその自我脅威から脱却することに集中して積極的対処をおこなってしまうのかもしれない。また，このコーピングには，あいまいさに非寛容な者の特徴である強迫性（衛藤，1994）や衝動性（吉川，1986）が反映していることも考えられる。
　一方男性の結果に着目すると，対人関係状況と社会的評価状況とでは様相が異なるが，あいまいさに非寛容な男性は女性と異なり，認知的評価を媒介してコーピングをすることが示された。あいまいさに非寛容な男性は，対人関係状況では状況を衝撃的と受け止め，消極的なコーピングをしないことが示されたのに対して，社会的評価状況では認知的評価と積極的対処との多様な結び付き

が示された。このことから，社会的評価状況においてあいまいさに非寛容な男性は，自分の置かれている状況を様々に分析して，その結果として積極的なコーピングをすることが示唆された。

　男性は目標達成に重点を置く「自律性（autonomy）」が高く，達成場面を重要視する傾向がある（Beck, 1983）。また男性は，伝統的に道具的・分析的・問題解決的技能を重視した教育がなされ，より問題解決型対処をするよう期待されている（Folkman & Lazarus, 1980）。本研究で設定した社会的評価状況を広義の達成場面と捉えると，あいまいさに非寛容な男性はとりわけ社会的評価状況を重視する傾向が強く，そのために様々なことを考慮して，積極的に問題を解決していこうとするのかもしれない。

　以上よりあいまいさへの非寛容は，女性ではより直截的に行動を起こす傾向がみられたのに対し，男性では対処に至る評価過程に分化と複雑化がみられ，社会的評価に多様に対処する傾向があることが示された。

第3節　あいまいさへの非寛容と特性的対人ストレスコーピングとの関連性（研究5）

1. 目　的

　加藤（2001）の対人ストレスモデルを参考に，対人場面におけるあいまいさへの非寛容が認知的評価，対人ストレスコーピングを媒介因として精神的健康度に影響を与えるかどうか，場面想定法を用いた特性的アプローチから検討することを第1の目的とする。また，性差を検討することを第2の目的とする。

2. 方　法

調査協力者および調査時期

　調査協力者は，京都府下の大学において心理学関連の授業を受講する大学生309名（男子156名，女子153名）であった。平均年齢は19.04歳，$SD=0.72$歳であった。調査時期は，2003年12月上旬であった。

実施方法

　授業時間中に質問紙を配布し，約1週間の提出期限を設け，後日回収した。

測　度

対人場面におけるあいまいさへの非寛容　　第2章研究3で作成したIIAS-Rを用いた。

認知的評価　　第2節研究4で用いた岡安（1992）の認知的評価尺度を用いた。本研究では，第2節研究4の結果に基づき，「衝撃性」および「コントロール可能性」の下位尺度ごとに，項目の合計得点をそれぞれ算出して用いた。

対人ストレスコーピング　　加藤（2002）の短縮版対人ストレスコーピング尺度を，項目の表現を研究の目的に沿うよう現在形に修正して用いた。この尺度は15項目からなり，「ポジティブ関係コーピング」「ネガティブ関係コーピング」「解決先送りコーピング」の3つの下位尺度がある。各項目についてそれぞれ「あてはまらない（1点）」から「よくあてはまる（4点）」までの4件法で回答を求めた。本研究では，下位尺度ごとの項目の合計得点を算出して用いた。

なお，認知的評価尺度および対人ストレスコーピング尺度には，冒頭に対人関係ストレス状況が示されており，それぞれの質問項目を呈示するという形式で構成されている。対人関係ストレス状況の具体的な内容は，加藤（2002）による，「けんかをした」「誤解された」「何を話していいのか，わからなかった」「自分のことを，どのように思っているのか気になった」「自慢話や，愚痴を聞かされた」「嫌いな人と話をした」などの経験によって，緊張したり，不快感を感じたりしたことである。これらの状況に置かれた時に，普段どのように感じたり考えたりするか回答を求めた。

ストレス反応　　尾関・原口・津田（1994）のストレス反応尺度（Stress Response Scale：SRS）を用いた。この尺度は35項目からなり，情動反応15項目（抑うつ・不安・怒り），認知・行動的反応10項目（認知的混乱・引きこもり），身体的反応10項目（身体的疲労感・自律神経系の活動性亢進）の3つの反応（7下位尺度）がある。各項目についてそれぞれ「あてはまらない（1点）」から「非常にあてはまる（4点）」までの4件法で回答を求めた。これは，ストレス反応を感じているほど得点が高くなるように構成されている。本研究では，全項目の合計得点をそれぞれ算出して用いた。

ハピネス　　植田・吉森・有倉（1992）のハピネス尺度（HS）を用いた。この尺度は14項目からなり，「生活充実感」「将来についての積極的展望」「ス

トレス・バッファ」「自己肯定感」の4つの下位尺度がある。各項目についてそれぞれ「あてはまらない（1点）」から「非常にあてはまる（4点）」までの4件法で回答を求めた。本研究では，全項目の合計得点を算出して用いた。

3. 結　果

対人場面におけるあいまいさへの非寛容と特性的認知的評価，特性的対人ストレスコーピング，および精神的健康度との関連性の検討

対人場面におけるあいまいさへの非寛容が特性的認知的評価，特性的対人ストレスコーピングを介してストレス反応とハピネスに与える影響を検討するために，重回帰分析によるパス解析をおこなった。分析はIIAS-Rの下位尺度ごとおよび性別ごとにおこなった。なお，パス係数は標準化偏回帰係数を用い，有意であったもののみを図示した。

まず対人場面におけるあいまいさへの非寛容を説明変数とし，衝撃性を基準変数とする単回帰分析をおこなった。次に，対人場面におけるあいまいさへの非寛容と衝撃性をそれぞれ説明変数とし，コントロール可能性を基準変数とする重回帰分析をおこなった。さらに，対人場面におけるあいまいさへの非寛容，衝撃性，コントロール可能性をそれぞれ説明変数とし，ポジティブコーピング，ネガティブコーピング，解決先送りコーピングをそれぞれ基準変数とする重回帰分析をおこなった。最後に，対人場面におけるあいまいさへの非寛容，衝撃性，コントロール可能性，ポジティブコーピング，ネガティブコーピング，解決先送りコーピングをそれぞれ説明変数とし，ストレス反応，ハピネスをそれぞれ基準変数とする重回帰分析をおこなった。

男性の場合，初対面の関係におけるあいまいさへの非寛容は衝撃性を介したストレス反応への正の影響，衝撃性からネガティブコーピングを介したストレス反応への正の影響，ネガティブコーピングを介したストレス反応への正の影響，そして直接的にハピネスに負の影響をそれぞれ与えていた（Figure 3-5）。また，半見知りの関係におけるあいまいさへの非寛容は衝撃性を介したストレス反応への正の影響，衝撃性からネガティブコーピングを介したストレス反応への正の影響，ネガティブコーピングを介したストレス反応への正の影響，そして直接的にもストレス反応に正の影響をそれぞれ与えていた（Figure 3-6）。

第3節 あいまいさへの非寛容と特性的対人ストレスコーピングとの関連性（研究5）

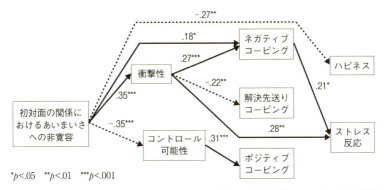

Figure 3-5 初対面の関係におけるあいまいさへの非寛容と認知的評価・コーピング・精神的健康度との関連性（男性）

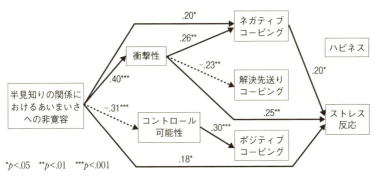

Figure 3-6 半見知りの関係におけるあいまいさへの非寛容と認知的評価・コーピング・精神的健康度との関連性（男性）

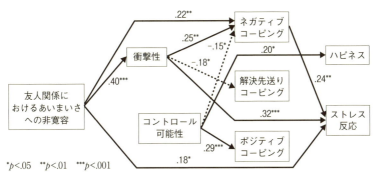

Figure 3-7 友人関係におけるあいまいさへの非寛容と認知的評価・コーピング・精神的健康度との関連性（男性）

さらに友人関係におけるあいまいさへの非寛容は衝撃性を介したストレス反応への正の影響，衝撃性からネガティブコーピングを介したストレス反応への正の影響，ネガティブコーピングを介したストレス反応への正の影響，そして直接的にもストレス反応に正の影響をそれぞれ与えていた（Figure 3-7）。

一方女性の場合，初対面の関係におけるあいまいさへの非寛容は衝撃性を介したストレス反応への正の影響とハピネスへの負の影響，衝撃性からコントロール可能性を介したハピネスへの負の影響，衝撃性からポジティブコーピングを介したハピネスへの正の影響，衝撃性からコントロール可能性，ポジティブコーピングを介したハピネスへの負の影響をそれぞれ与えていた（Figure 3-8）。また，半見知りの関係におけるあいまいさへの非寛容は衝撃性を介したストレス反応への正の影響とハピネスへの負の影響，衝撃性からコントロール可能性を介したハピネスへの正の影響，衝撃性からポジティブコーピングを介したハピネスへの正の影響，衝撃性からコントロール可能性，ポジティブコーピングを介したハピネスへの負の影響，コントロール可能性を介したハピネスへの負の影響，コントロール可能性からポジティブコーピングを介したハピネスへの負の影響をそれぞれ与えていた（Figure 3-9）。さらに友人関係におけるあいまいさへの非寛容は衝撃性を介したストレス反応への正の影響とハピネスへの負の影響，衝撃性からコントロール可能性を介したハピネスへの負の影響，衝撃性からポジティブコーピングを介したハピネスへの正の影響，衝撃性からコントロール可能性，ポジティブコーピングを介したハピネスへの負の影響，そして直接的にもハピネスに正の影響をそれぞれ与えていた（Figure 3-10）。

4. 考　察

研究5では，対人場面におけるあいまいさへの非寛容が特性的認知的評価および特性的対人ストレスコーピングを介して，精神的健康に男女で異なる影響を与えていた。

男性における対人ストレスモデルについて

まず，あいまいさへの非寛容から認知的評価，コーピングを介して精神的健康に有意な影響を与えていたパスについて考察する。初対面の関係，半見知り

第3節　あいまいさへの非寛容と特性的対人ストレスコーピングとの関連性（研究5）　57

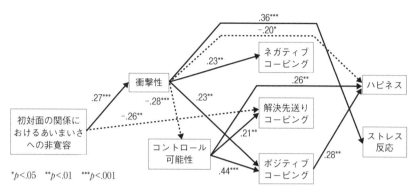

*$p<.05$　**$p<.01$　***$p<.001$

Figure 3-8　初対面の関係におけるあいまいさへの非寛容と認知的評価・コーピング・精神的健康度との関連性（女性）

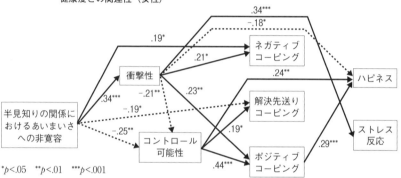

*$p<.05$　**$p<.01$　***$p<.001$

Figure 3-9　半見知りの関係におけるあいまいさへの非寛容と認知的評価・コーピング・精神的健康度との関連性（女性）

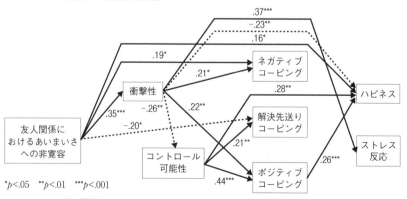

*$p<.05$　**$p<.01$　***$p<.001$

Figure 3-10　友人関係におけるあいまいさへの非寛容と認知的評価・コーピング・精神的健康度との関連性（女性）

の関係および友人関係におけるあいまいさに非寛容な男性は，状況を衝撃的と受け止め，コントロール可能か否かにかかわらず人間関係を積極的に放棄・崩壊するコーピングをおこなってストレス反応に正の影響を与えることが示された。このことは，あいまいさに非寛容な男性が対人関係ストレス状況に置かれると，その状況で生じたあいまいさに耐えることができないので，そこから一刻も早く脱却するために白か黒か式の解決（Frenkel-Brunswik, 1949, 1954）をすることが動機づけられ，対人関係を崩壊させるコーピングをおこなうことを示唆している。しかし，ネガティブ関係コーピングをおこなうことがストレス反応に正の影響を与えているので，一時的にあいまいさから脱却することができても，関係崩壊後のわだかまりなど二次的，三次的なストレッサーが残存し，結果としてストレス反応が高まるのかもしれない。これらの結果は，加藤（2001）によるネガティブ関係コーピングがストレス反応に正の影響を与えるという結果と一致している。

次に，あいまいさへの非寛容から直接精神的健康に有意な影響を与えていたパスについて考察する。半見知りの関係および友人関係におけるあいまいさに非寛容な男性は，認知的評価およびコーピングの如何にかかわらずストレス反応に正の影響を与えることが示され，初対面の関係におけるあいまいさに非寛容な男性は，認知的評価およびコーピング如何にかかわらずハピネスに負の影響を与えることが示された。これらの結果は，いずれも弱い影響ではあるが，あいまいさに非寛容な男性が寛容な男性に比べてベースラインの段階で相対的に精神的不健康であることを示唆している。また，大学入学時点であいまいさに非寛容な者は寛容な者より相対的に精神的不健康であるという，友野・橋本（2005c）の結果に沿うものである。

女性における対人ストレスモデルについて

続いて，女性についても同様に，あいまいさへの非寛容から認知的評価，コーピングを介して精神的健康に有意な影響を与えていたパスについて考察する。初対面の関係，半見知りの関係および友人関係におけるあいまいさに非寛容な女性は，対人関係ストレス状況を衝撃的でコントロール不可能だと受け止め，積極的に肯定的な人間関係を成立・改善・維持するため努力するコーピングをおこなわず，ハピネスに負の影響を与えることが示された。このことは，

あいまいさに非寛容な女性が対人関係ストレス状況に置かれると，そのことによって生じた不確実性を低減させるために絶望する（Andersen & Schwartz, 1992）ことにより，客観的には人間関係を成立・改善・維持できる余地が残されているにもかかわらず，ポジティブ関係コーピングの実行をやめてしまうことを示唆している。

　その一方で，初対面の関係，半見知りの関係および友人関係におけるあいまいさに非寛容な女性は，状況を衝撃的と受け止めてもコントロール可能かどうかを考えなかった場合，積極的に肯定的な人間関係を成立・改善・維持するため努力するコーピングをおこない，ハピネスに正の影響を与えることも示された。このことは，あいまいさに非寛容な女性が対人関係ストレス状況に置かれた際に，その状況を衝撃的だと評価してもコントロールできるかどうか考えずに対人関係を積極的に構築するコーピングをおこなえば，ハピネスを高めることができることを示唆している。これらの結果は，見かけ上精神的健康度に良い影響を与えているようにもみえるが，前節研究4の女性の結果とあわせて考察すると，他者のことを考慮して関係改善のため努力するというよりも，生じたあいまいさを低減させるため直截的にポジティブ関係コーピングをおこない，その結果ハピネスを感じているだけなのかもしれない。この一連の関連性は，精神的健康のネガティブな指標であるストレス反応の低減にはまったく影響を与えていないので，「実際に存在するもの・ことを，自分に都合よく解釈したり想像したりする精神的イメージや概念」であるポジティブ・イリュージョン（Taylor & Brown, 1988）が，ポジティブ関係コーピングからハピネスの増大に至るまでの過程で生じている可能性も考えられる。

　次に，あいまいさへの非寛容から直接精神的健康に有意な影響を与えていたパスについて考察する。友人関係におけるあいまいさに非寛容な女性は，認知的評価およびコーピング如何にかかわらずハピネスに負の影響を与えることが示された。しかし，その影響はかなり弱いものであった。また，男性とは異なり，それ以外にあいまいさへの非寛容から直接精神的健康に有意な影響を与えるパスはみられなかった。これらの結果は，あいまいさに非寛容な女性と寛容な女性とではベースラインの段階では精神的健康度にほとんど差がみられないことを示唆している。また，前述の媒介効果とあわせて考察すると，女性の場

合対人ストレス状況に置かれた際に，はじめてあいまいさへの非寛容の効果が生じると考えられる。

以上より，対人場面におけるあいまいさへの非寛容は性別の違いにより，認知的評価，対人ストレスコーピング，および精神的健康度に異なる影響を与えることが示され，その関連性も複雑であることが示された。

第4節　あいまいさへの非寛容と状況的対人ストレスコーピングとの関連性（研究6）

1. 目　的

加藤（2001）の対人ストレスモデルを参考に，対人場面におけるあいまいさへの非寛容が認知的評価，対人ストレスコーピングを媒介因として精神的健康度に影響を与えるかどうか，回想法を用いた状況的アプローチから検討することを第1の目的とする。また，性差を検討することを第2の目的とする。

2. 方　法

調査協力者および調査時期

調査協力者は，京都府下の大学において心理学関連の授業を受講する大学生で，前節研究5に参加した者のうち今回の調査にも参加した235名（男子117名，女子118名）であった。平均年齢は19.18歳，$SD=0.64$ 歳であった。調査時期は，2003年12月上旬（時点1）から2004年1月中旬（時点2）であった。

測　度

対人場面におけるあいまいさへの非寛容　第2章研究3で作成したIIAS-R を用いた。

認知的評価　第2節研究4および前節研究5で用いた岡安（1992）の認知的評価尺度を，項目の表現を研究の目的に沿うよう過去形に修正して用いた。

対人ストレスコーピング　加藤（2002）の短縮版対人ストレスコーピング尺度を，オリジナルの項目表現（過去形）のまま用いた。

なお，認知的評価尺度および対人ストレスコーピング尺度は，前節研究5と同様の回答形式で構成されており，最初にここ1ヶ月間に実際経験した対人関

係ストレス状況について簡単に記述させ，その際どのように感じたり考えたりしたか回答を求める点のみが異なっていた。

ストレス反応　前節研究5で用いた尾関他（1994）のSRSを用いた。

ハピネス　前節研究5で用いた植田他（1992）のHSを用いた。

実施方法

授業時間中に質問紙を配布し，約1週間の提出期限を設け，後日回収した。時点1ではIIAS-Rを実施し，時点2ではSRS，HS，認知的評価尺度，対人ストレスコーピング尺度を実施した。

3. 結　果

対人場面におけるあいまいさへの非寛容と状況的認知的評価，状況的対人ストレスコーピング，および精神的健康度との関連性の検討

対人場面におけるあいまいさへの非寛容が状況的認知的評価，状況的対人ストレスコーピングを介してストレス反応とハピネスに与える影響を検討するために，重回帰分析によるパス解析をおこなった。分析は前節研究5同様，IIAS-Rの下位尺度ごとおよび性別ごとにおこなった。なお，パス係数は標準化偏回帰係数を用い，有意であったもののみを図示した。

まず対人場面におけるあいまいさへの非寛容を説明変数とし，衝撃性を基準変数とする単回帰分析をおこなった。次に，対人場面におけるあいまいさへの非寛容と衝撃性をそれぞれ説明変数とし，コントロール可能性を基準変数とする重回帰分析をおこなった。さらに，対人場面におけるあいまいさへの非寛容，衝撃性，コントロール可能性をそれぞれ説明変数とし，ポジティブコーピング，ネガティブコーピング，解決先送りコーピングをそれぞれ基準変数とする重回帰分析をおこなった。最後に，対人場面におけるあいまいさへの非寛容，衝撃性，コントロール可能性，ポジティブコーピング，ネガティブコーピング，解決先送りコーピングをそれぞれ説明変数とし，ストレス反応，ハピネスをそれぞれ基準変数とする重回帰分析をおこなった。なお，以上の分析は前節研究5とまったく同じ手順であった。

男性の場合，初対面の関係におけるあいまいさへの非寛容はストレス反応へ直接正の影響，ハピネスに直接負の影響をそれぞれ与えていた（Figure

3-11)。また，半見知りの関係におけるあいまいさへの非寛容も同様に，ストレス反応へ直接正の影響，ハピネスに直接負の影響をそれぞれ与えていた（Figure 3-12）。しかし，どちらの場合においても，認知的評価および対人ストレスコーピングを媒介してストレス反応およびハピネスに影響を与える有意なパスは示されなかった。一方，友人関係におけるあいまいさへの非寛容はいずれの変数にもまったく有意な影響を与えていなかった（Figure 3-13）。

　一方女性の場合，初対面の関係におけるあいまいさへの非寛容はストレス反応へ直接正の影響を与えていた（Figure 3-14）。また，半見知りの関係におけるあいまいさへの非寛容はストレス反応へ直接正の影響，ハピネスに直接負の影響をそれぞれ与えていた（Figure 3-15）。さらに友人関係におけるあいまいさへの非寛容はストレス反応へ直接正の影響を与えていた（Figure 3-16）。しかし，いずれの場合においても，認知的評価および対人ストレスコーピングを媒介してストレス反応およびハピネスに影響を与える有意なパスは示されなかった。

4．考　察

　研究6では，研究5とは異なり対人場面におけるあいまいさへの非寛容が状況的認知的評価および状況的対人ストレスコーピングを介さずに，直接精神的健康に男女で異なる影響を与えていた。

直接効果について

　あいまいさへの非寛容からの有意なパスは，男女とも直接精神的健康に影響を与えるもののみであった。認知的評価およびコーピングの如何にかかわらず，初対面の関係および半見知りの関係におけるあいまいさに非寛容な男性は1ヵ月後のストレス反応を増大させハピネスを減少させることが示され，初対面の関係，半見知りの関係および友人関係におけるあいまいさに非寛容な女性は1ヵ月後のストレス反応を増大させ，半見知りの関係におけるあいまいさに非寛容な女性のみ1ヵ月後のハピネスを減少させることが示された。これらの結果は，あいまいさに非寛容な者は対人ストレス状況をどのように捉えたか，そしてどのように対処したかということに左右されず，時間が経過しても常に精神的不健康であることを示唆している。また，大学入学時点であいまいさに

第4節 あいまいさへの非寛容と状況的対人ストレスコーピングとの関連性（研究6） 63

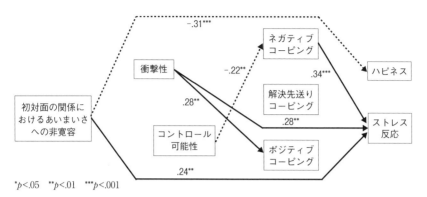

*p<.05 **p<.01 ***p<.001

Figure 3-11　初対面の関係におけるあいまいさへの非寛容と認知的評価・コーピング・精神的健康度との関連性（男性）

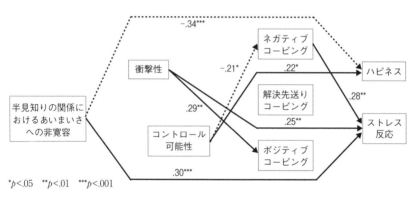

*p<.05 **p<.01 ***p<.001

Figure 3-12　半見知りの関係におけるあいまいさへの非寛容と認知的評価・コーピング・精神的健康度との関連性（男性）

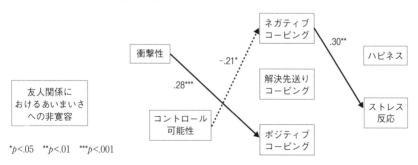

*p<.05 **p<.01 ***p<.001

Figure 3-13　友人関係におけるあいまいさへの非寛容と認知的評価・コーピング・精神的健康度との関連性（男性）

64　第 3 章　あいまいさへの非寛容とストレスコーピング

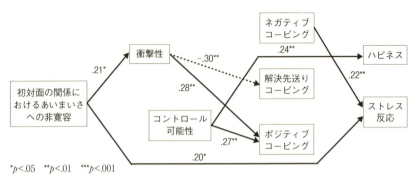

Figure 3-14　初対面の関係におけるあいまいさへの非寛容と認知的評価・コーピング・精神的健康度との関連性（女性）

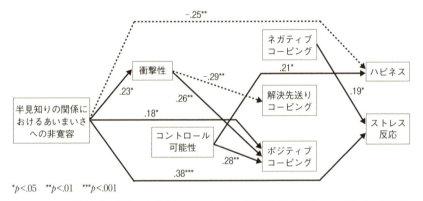

Figure 3-15　半見知りの関係におけるあいまいさへの非寛容と認知的評価・コーピング・精神的健康度との関連性（女性）

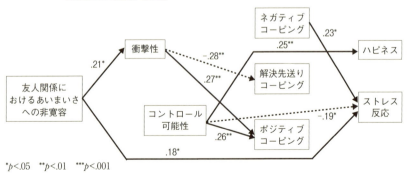

Figure 3-16　友人関係におけるあいまいさへの非寛容と認知的評価・コーピング・精神的健康度との関連性（女性）

非寛容な者は寛容な者より，3ヶ月後の時点においても相対的に精神的不健康であるという，友野・橋本（2005c）の結果に沿うものである。

一方，友人関係におけるあいまいさに非寛容な男性は1ヵ月後の精神的健康にまったく影響を与えないことが示された。この結果は，対人場面を友人関係に限定すると，あいまいさに非寛容であっても精神的不健康であるとは限らないことを示唆している。第2節で述べたように，男性は目標達成に重点をおく自律性が高く，達成場面を重要視する傾向がある（Beck, 1983）ために，女性に比べて相対的に対人関係を重視しないことが考えられる。この傾向が友人関係に特異的にはたらき，あいまいさに非寛容であっても精神的不健康にはつながらないのかもしれない。

媒介効果について

ところで，本研究では認知的評価やコーピングの媒介効果がみられなかったために，前節研究5とは異なりなぜあいまいさに耐えられないと精神的不健康につながるのかを直接説明することができない。実際に経験した出来事について尋ねる状況的アプローチの場合，第1節における加藤（2004）の指摘のように，状況的コーピング尺度のみに存在する問題点の影響により媒介効果がみられなかったことが考えられる。特に，コーピング機会の個人差の影響が出てしまったように思われる。本研究では最近1ヶ月間に実際経験した対人関係ストレス状況について回答を求めたが，内容および時期は個人によってかなり異なっており，このことから個人によって選択された対処方略が多岐にわたってしまったために，結果として媒介効果がみられなかったのかもしれない。

以上より，対人場面におけるあいまいさへの非寛容は状況的アプローチの場合，下位尺度および性別にかかわらず精神的健康度にほぼ同様な直接効果を与えるのみで，認知的評価やコーピングの媒介効果はみられないことが示された。

第5節　ま と め

本章では，あいまいさへの非寛容と精神的健康度の関連性について，心理的ストレスモデル（Lazarus & Folkman, 1984／邦訳, 1991）および対人ストレスモデル（加藤, 2001）を用いて検討することを提案し，包括的コーピングとイベ

ント特定コーピングの比較，特性的コーピングと状況的コーピングの比較，ならびに性差の検討の必要性を指摘した。そして，これらの問題を検証する3つの研究を報告した。第2節研究4では，あいまいさへの非寛容が男性では認知的評価を媒介して積極的対処に影響を与え，女性では認知的評価を媒介せずに直接積極的対処に影響を与えることがそれぞれ示された。第3節研究5では，対人場面におけるあいまいさへの非寛容が男性では特性的認知的評価および特性的ネガティブ関係コーピングを媒介してストレス反応に影響を与え，女性では特性的認知的評価および特性的ポジティブ関係コーピングを媒介してハピネスにそれぞれ影響を与えることが示された。第4節研究6では，対人場面におけるあいまいさへの非寛容が男女ともストレス反応の増大およびハピネスの減少に直接影響を与えるが，状況的認知的評価および状況的対人ストレスコーピングの媒介効果が一切みられないことがそれぞれ示された。

　これらの研究結果を総括すると，あいまいさへの非寛容は不適切なコーピングをおこなうことによって，精神的健康に悪影響を与える可能性があることを示唆している。しかし，あいまいさへの非寛容が影響を与える結果変数が男女で異なる，特性的アプローチではコーピングが媒介するが状況的アプローチではコーピングが媒介しない，認知的評価，コーピングおよび精神的健康間で複雑多岐なパスがみられるなど，その関連性は単純ではないことも示された。

　これらの一因として，第2節研究4および第3節研究5では教示文に複数の対人ストレス状況が示されていること，および前節研究6では実際経験した対人ストレス状況を具体的に1つ想起させて回答させていることから，調査協力者が個人によって異なる親密度の対人関係を各々想起して回答したことが考えられる。その一方でBeck（1983）によると，女性は親密な対人関係に重点を置く「対人志向性（sociotropy）」が男性よりも高い傾向があることから，あいまいさに寛容か否かという以前に対人関係そのものの捉え方が男女で根本的に異なるために，あいまいさへの非寛容と精神的健康との関連性においても性差がみられたのかもしれない。これらのことを踏まえ，今後対人関係の親密度と性別を統制して，改めて対人ストレスモデルを検討する必要がある。

第4章
認知的脆弱性としてのあいまいさへの非寛容

第1節　本章で検討する問題

　本章では，対人場面におけるあいまいさへの非寛容を認知的脆弱性と捉えた素因ストレスモデルの検討をおこなう。まず，オリジナルの素因ストレスモデルに従い，認知的脆弱性とネガティブライフイベントとの交互作用が抑うつの増大を予測するか検討する。そして，ライフイベントをポジティブライフイベントに，結果変数をストレス反応とハピネスにそれぞれ拡張させ，素因ストレスモデルの応用可能性について論じる。なお，いずれの研究においても，第3章に引き続き性差を踏まえながら考察する。

1. 領域合致仮説について

　素因ストレスモデルを検討する場合，どのような認知的脆弱性とネガティブライフイベントを測定するかが問題となる。このことに関して，Beck（1983）は個人のもつ特異的な認知的脆弱性と実際に経験したネガティブライフイベントの内容が一致した時，一致しない場合よりも抑うつに陥りやすい，という領域合致仮説（congruency hypothesis）を提唱している。この仮説によると，例えば対人関係に関する認知的脆弱性をもつ者が対人関係に関するネガティブライフイベントを経験した時に，対人関係以外のネガティブライフイベントを経験した時よりも抑うつに陥りやすくなることが考えられる。そこで，認知的脆弱性に対応したネガティブライフイベントをターゲットにする必要がある。対人場面におけるあいまいさへの非寛容は対人関係に関する認知的脆弱性と仮定されるので，領域合致仮説を敷衍（ふえん）すれば，対人関係に関するネガティブライフイベントを測定することが必要であろう。

　一方，Teasdale（1985）は領域合致仮説とは対照的な仮説である，抑うつ処

理活性仮説（differential activation hypothesis）を提唱している。抑うつ処理活性仮説は，認知的脆弱性とネガティブライフイベントとの領域合致を仮定せず，認知的脆弱性をもつ者はどのような領域のネガティブライフイベントを経験しても抑うつを引き起こすことを示唆している。この仮説に関連して，井沢（1997）は対人関係に関する認知的脆弱性である「対人志向性（sociotropy）」と，達成やコントロールといった対人関係とは異なる領域のネガティブライフイベントとの交互作用が有意に抑うつを引き起こすという，領域合致仮説が支持されない結果を報告している。このことおよび，あいまいさへの非寛容が人間のかなり基本的な心理機能に根ざした包括的な特性（吉川，1986）であることを踏まえると，対人場面におけるあいまいさへの非寛容と対人関係に関するネガティブライフイベントのみならず，対人関係に限定されないより幅広いネガティブライフイベントとの交互作用が有意となる可能性がある。

2. 素因ストレスモデルにおける性差

　素因ストレスモデルにおいて性差が検討された先行研究には，以下のようなものがある。例えば，Barnett & Gotlib（1990）は，抑うつ的なスキーマ（schema）である非機能的態度（dysfunctional attitude）を認知的脆弱性として，ネガティブライフイベントおよびソーシャルサポートとの交互作用が抑うつの変化を予測するかどうかを男女別に検討した。その結果，女性では非機能的態度とソーシャルサポートの交互作用が抑うつの変化を予測したのに対し，男性では抑うつの変化を予測する交互作用は1つもみられず[5]，非機能的態度の主効果もみられなかった。また，高比良（2000）は，帰属スタイルを認知的脆弱性として，対人領域および，課題の達成や問題解決などに関する達成領域のストレスイベントとの交互作用を男女別に検討した。その結果，男性では達成帰属スタイルと達成領域のストレスイベントが抑うつの変化を予測し，女性では対人帰属スタイルと対人領域のストレスイベントが抑うつの変化を予測していた。これらの先行研究は，いずれも素因ストレスモデルを検討する際，性

---

[5] Barnett & Gotlib（1990）では，男性においてネガティブライフイベントとソーシャルサポートとの交互作用が抑うつの変化を予測していたが，本研究では素因ストレスモデルの検討が目的なので，認知的脆弱性が含まれていないものは交互作用とみなさないことにした。

差を考慮することが重要であることを示唆するものである。

　第3章研究4および研究5で示されたように，あいまいさへの非寛容と認知的評価およびコーピングとの関連性が性別によって異なることから，あいまいさへの非寛容を認知的脆弱性とした素因ストレスモデルにおいても，性別によって異なる交互作用が得られることが考えられる。よって，男女別に分析することで，単純な得点差では検討することのできない興味深い知見を見いだすことができよう。

3. 精神的健康について

　ところで，前章で述べたように精神的健康には抑うつや不安などのストレス反応のようにネガティブな結果変数だけではなく，ハピネスのようにポジティブな結果変数もある。また，ライフイベントにはネガティブライフイベントだけではなくポジティブライフイベントもある。現在まで素因ストレスモデルにおいては，ネガティブな結果変数およびネガティブライフイベントのみに注目が集まる傾向があり，ポジティブな結果変数およびポジティブライフイベントはほとんど考慮されてこなかった。精神的に健康であるためにはネガティブな側面の低減とポジティブな側面の向上が必要であり，個人の精神的健康状態を測定する際この両側面を考慮に入れることが重要である（加藤, 2001）。これらを踏まえると，単に認知的脆弱性とネガティブライフイベントとの交互作用がネガティブな指標の増大に影響を与えることを実証するだけではなく，認知的脆弱性とポジティブライフイベントとの交互作用がネガティブな指標の低減およびポジティブな指標の増大に影響を与えるか，素因ストレスモデルを用いて検討することには意義があると考えられる。

　そこで本章では，研究7で対人場面におけるあいまいさへの非寛容と対人ストレスイベントとの交互作用が抑うつの増大に影響を与えるかどうか検討する。その結果を踏まえ，研究8ではライフイベントを対人ポジティブイベントと対人ネガティブイベントに，結果変数をハピネスとストレス反応にそれぞれ拡張した場合においても，素因ストレスモデルが支持されるかどうか検討する。さらに，研究9ではライフイベントの領域が限定されない場合においても，素因ストレスモデルが支持されるかどうか検討する。

第2節 抑うつへの影響（研究7）

1. 目　的

　対人場面におけるあいまいさに非寛容な者は寛容な者に比べて，経験した対人関係に関するネガティブライフイベントがストレスフルである場合，抑うつを増大させるかどうか，素因ストレスモデルによって検討することを目的とする。また，男性と女性とで交互作用のパターンに違いがみられるかについても検討する。

2. 方　法

調査協力者および調査時期

　2000年10月下旬〜12月中旬の間に，京都府下の大学生を対象に期間をおいて2回の質問紙調査を実施した。本研究では，2回とも調査に参加し，有効回答が得られた190名（男子89名，女子101名）を分析対象にした。平均年齢は19.66歳（$SD=0.98$歳）であった。なお，1回目の調査（時点1）と2回目の調査（時点2）の実施間隔は，約1ヶ月半であった。

測　度

　対人場面におけるあいまいさへの非寛容　　第2章研究2で作成したIIASを用いた。

　対人ストレスイベント　　橋本（1997）による対人ストレスイベント尺度を用いた。この尺度は40項目からなり，各項目の出来事を過去1ヶ月の間に経験した場合は，その出来事でどの程度ストレスを感じたかを，それぞれ「全く感じなかった（1点）」から「非常に感じた（4点）」までの4件法で回答を求めた。また，出来事を経験しなかった場合は，その項目得点を0点とした。これは，出来事を経験し，そのことがストレスフルであると感じるほど得点が高くなるように構成されている。分析には，全項目の合計得点を算出して用いた。

　抑うつ　　自己評価式抑うつ性尺度（Self-rating Depression Scale：SDS；Zung, 1965）の日本語版（福田・小林, 1973）を用いた。この尺度は20項目からなり，各項目について現在どの程度当てはまるか，それぞれ「ない，たまに（1点）」から「ほとんどいつも（4点）」までの4件法で回答を求めた。

これは，抑うつを感じているほど得点が高くなるように構成されている。分析には，全項目の合計得点を算出して用いた。

実施方法

心理学実験室において，最少1名から最多で10名までの少人数による集団法で実施した。1回目の調査（時点1）では，SDS，IIASを実施し，2回目の調査（時点2）では，SDS，対人ストレスイベント尺度を実施した。なお，両時点で高比良（1998b）による拡張版ホープレスネス尺度も同時に施行したが，本研究では分析から除外した。

3. 結　果

各測度の基本統計量

Table 4-1 に，各測度の平均値と標準偏差およびα係数を示す。なお，性差を検討するために各得点について t 検定をおこなったところ，有意差はみられなかった。

各測度間の相関係数

Table 4-2 に，各測度間の相関係数を示す。男女ともIIASの下位尺度間には，それぞれ中程度の有意な正の相関がみられた。そして男性では，親しい関係におけるあいまいさへの非寛容と対人ストレスイベントの認知的評価，時点

Table 4-1　各測度の平均値と標準偏差

	全体			男性			女性			(df=188)
	M	SD	α	M	SD	α	M	SD	α	t 値
時点1における抑うつ	41.11	6.96	.76	41.70	6.68	.74	40.59	7.19	.79	1.09
時点2における抑うつ	40.17	7.12	.78	40.17	6.27	.73	40.18	7.82	.82	-.01
対人ストレスイベントの認知的評価	65.97	27.69	.92	66.55	27.92	.92	65.46	27.62	.91	.27
親しい関係におけるあいまいさへの非寛容	53.68	10.67	.82	53.99	9.91	.79	53.41	11.34	.85	.38
一般的な知り合い関係におけるあいまいさへの非寛容	52.49	7.61	.66	52.71	8.26	.69	52.31	7.02	.60	.36
未知の関係におけるあいまいさへの非寛容	37.56	5.68	.59	37.61	5.76	.59	37.52	5.64	.59	.10

Table 4-2 各測度間の相関係数

	親しい関係	一般的関係	未知の関係	認知的評価	抑うつ1	抑うつ2
親しい関係	—	.49***	.60***	.22*	.11	.25*
一般的関係	.54***	—	.31**	.11	-.05	-.07
未知の関係	.63***	.42***	—	.34***	.27**	.35***
認知的評価	.20*	.08	.15	—	.39***	.39***
抑うつ1	.18	-.01	.17	.33***	—	.82***
抑うつ2	.15	-.13	.07	.40***	.77**	—

右上：男性　左下：女性
親しい関係 = 親しい関係におけるあいまいさへの非寛容
一般的関係 = 一般的な知り合い関係におけるあいまいさへの非寛容
未知の関係 = 未知の関係におけるあいまいさへの非寛容
認知的評価 = 対人ストレスイベントの認知的評価
抑うつ1 = 時点1に測定された抑うつ
抑うつ2 = 時点2に測定された抑うつ
*$p<.05$　**$p<.01$　***$p<.001$

2の抑うつとの間に弱い有意な正の相関がみられた。また，未知の関係におけるあいまいさへの非寛容と，時点1および，時点2の抑うつとの間，対人ストレスイベントの認知的評価との間に弱い有意な正の相関がみられた。それに対して女性では，IIASの3下位尺度とその他の尺度との間には，親しい関係におけるあいまいさへの非寛容と対人ストレスイベントの認知的評価との間に弱い有意な正の相関がみられたのみで，その他の組み合わせにおいて有意な相関はみられなかった。

素因ストレスモデルの検討

抑うつの素因ストレスモデルを検討するために，時点2の抑うつ得点を基準変数とした階層的重回帰分析を男女別におこなった。分析に先立ち，多重共線性の危険性を低減するために，交互作用項を形成する2変数を平均からの偏差に換算するセンタリング（Cohen & Cohen, 1983）をおこなった。分析は，時点1の抑うつ得点，対人ストレスイベントの認知的評価得点，対人場面におけるあいまいさへの非寛容得点，交互作用得点（対人ストレスイベントの認知的評価得点と対人場面におけるあいまいさへの非寛容得点の積）の順に回帰方程式に投入した。素因変数として，親しい関係におけるあいまいさへの非寛容得点を投入した場合，男女とも有意な主効果および有意な傾向である交互作用が

Table 4-3 抑うつの変化に関する階層的重回帰分析（男性）

ステップ	投入された変数	R^2	ΔR^2	F	p for ΔR^2	pr
1	時点1における抑うつ	.672	.672	178.241	.000	.80
2	対人ストレスイベントの認知的評価	.678	.006	1.544	.217	.12
3	親しい関係におけるあいまいさへの非寛容	.701	.023	6.685	.011	.30
4	交互作用	.712	.010	2.990	.087	.19

Table 4-4 抑うつの変化に関する階層的重回帰分析（女性）

ステップ	投入された変数	R^2	ΔR^2	F	p for ΔR^2	pr
1	時点1における抑うつ	.593	.593	144.199	.000	.73
2	対人ストレスイベントの認知的評価	.617	.025	6.295	.014	.23
3	親しい関係におけるあいまいさへの非寛容	.618	.000	.034	.855	.05
4	交互作用	.629	.011	2.860	.094	.17

みられた。その結果をそれぞれ Table 4-3 と Table 4-4 に示す。本研究では交互作用の検討が目的であるので，以後は交互作用についてのみ述べる。なお素因変数として，未知の関係におけるあいまいさへの非寛容得点と，一般的な知り合い関係におけるあいまいさへの非寛容得点を投入した場合，有意な交互作用はみられなかった。

上述のとおり，得られた交互作用はいずれも有意傾向であったが，男性では親しい関係におけるあいまいさへの非寛容の有意な主効果，女性では対人ストレスイベントの認知的評価の有意な主効果がみられているので，性別によって異なる交互作用のパターンがみられることが想定される。そこで，その内容を明確にするために，Cohen & Cohen（1983）の手続きに従って，単回帰直線を求めた。これは，時点2の抑うつ得点を基準変数とする回帰方程式に，時点1の抑うつ得点の平均と，対人場面におけるあいまいさへの非寛容得点および，対人ストレスイベントの認知的評価得点の平均±1標準偏差を代入することにより，交互作用項を形成する2変数の高低の組み合わせで抑うつ得点の変化量を算出するものである。

まず Figure 4-1 に，男性の場合の単回帰直線を示す。親しい関係におけるあいまいさに非寛容な者は，対人ストレスイベントの水準が強まるにつれ，時点1に比べて時点2の抑うつ得点がやや増大する傾向がみられた（$pr=.19$, $p<.10$）

が，対人ストレスイベントの水準が弱いと，時点1に比べて時点2での抑うつ得点がやや減少している傾向がみられた（*pr*=.19, *p*<.10）。一方親しい関係におけるあいまいさに寛容な者は，対人ストレスイベントの水準にかかわらず，時点1に比べて時点2の抑うつ得点は減少する傾向がみられた（*pr*=.19, *p*<.10）。

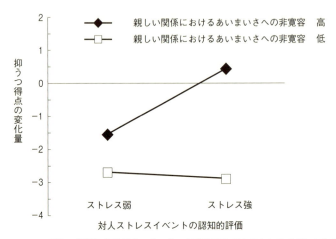

Figure 4-1　親しい関係におけるあいまいさへの非寛容と対人ストレスイベントとの抑うつにおける交互作用（男性）

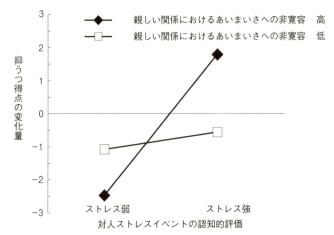

Figure 4-2　親しい関係におけるあいまいさへの非寛容と対人ストレスイベントとの抑うつにおける交互作用（女性）

次に Figure 4-2 に，女性の場合の単回帰直線を示す。親しい関係におけるあいまいさに非寛容な者は，対人ストレスイベントの水準によって，時点1に比べて時点2の抑うつ得点が大きく増減する傾向を示した（$pr=.17$, $p<.10$）。一方親しい関係におけるあいまいさに寛容な者は，対人ストレスイベントの水準にかかわらず，時点2の抑うつ得点は時点1に比べてどちらもわずかに減少する傾向がみられた（$pr=.17$, $p<.10$）。

以上のように，男性の場合においては対人ストレスイベントの水準の強弱にかかわらず，親しい関係におけるあいまいさに非寛容な者と寛容な者の抑うつ得点の変化量に逆転はみられなかったのに対し，女性の場合においては対人ストレスイベントの水準の強弱によって，親しい関係におけるあいまいさに非寛容な者と寛容な者の抑うつ得点の変化量が逆転することが示された。

4．考　察

本研究では，対人場面におけるあいまいさへの非寛容と対人関係に関するネガティブライフイベントとの交互作用が，有意傾向ではあるものの男女とも抑うつの増大に影響を与えていた。

男性における素因ストレスモデルについて

親しい関係におけるあいまいさに非寛容な男性は，経験した対人ストレスイベントがストレスフルなものである場合は抑うつが増大し，ストレスフルなものではない場合は抑うつが減少することが示された。第3章研究4で示されたように，あいまいさに非寛容な男性は対処に至る評価過程に分化と複雑化がみられることから，対人ストレスイベントを経験した際，それらのことについて色々と考えこむが，そのことで生じた不確実性に耐えることができず，そこから脱却するために白か黒か式の解決をおこない，結果として抑うつに陥りやすくなったことが推測される。また，対人ストレスイベントがストレスフルなものではないという評価を下した場合は，その時点で不確実性が減少し，もはや考えこまなくてもよくなり，結果として抑うつに陥らずにすんだのかもしれない。一方，親しい関係におけるあいまいさに寛容な男性は，経験した対人ストレスイベントがストレスフルなものであるか否かにかかわらず，抑うつが減少することが示された。あいまいさに寛容な者は，経験した対人ストレスイベン

トがストレスフルなものであるという評価を下しても，認知的判断の停止をおこない，ネガティブな出来事によって一時的に生じた不確実性にうまく対処する（Andersen & Schwartz, 1992）ことにより，白か黒か式の解決をしないことによって抑うつに陥らないことができるのかもしれない。これらのことは，男性において対人場面におけるあいまいさへの非寛容が認知的脆弱性になり得ることを示唆している。

女性における素因ストレスモデルについて

親しい関係におけるあいまいさに非寛容な女性は，経験した対人ストレスイベントがストレスフルなものである場合に抑うつ得点が上昇している一方で，対人ストレスイベントがストレスフルなものではない場合は，寛容な女性よりも抑うつ得点が大きく減少していることが示された。このことから，親しい関係におけるあいまいさに非寛容な女性は，対人ストレスイベントのストレス評価基準によって，抑うつ得点の落差が大きいと言えるだろう。Frenkel-Brunswik（1954）の提唱した，あいまいさに非寛容な者の特徴である，過度に単純化された2分化傾向が，この結果に表れていると考えられる。すなわち，ストレスフルな状況とストレスフルでない状況を直截的に判断して評価することが，その個人の抑うつを左右していると考えられる。この結果は，あいまいさに非寛容な女性が認知的評価を媒介しないで積極的対処をおこなうという，第3章研究4の結果と共通するものであると考えられる。

Beck（1983）が指摘しているように，女性は男性よりも「対人志向性（sociotropy）」が高く，人との相互作用により敏感な傾向があるとされている。この傾向は，素因ストレスモデルにおいて抑うつに寄与するストレスイベントが男女で異なるという結果からも示唆されている（高比良, 2000）。これらのことから本研究の結果を考察すると，親しい関係におけるあいまいさに非寛容な女性は，特に親しい人との間で微妙な行き違いが生じると，そのことをストレスフルな出来事と捉え，抑うつに陥ってしまうのかもしれない。

一方，親しい関係におけるあいまいさに寛容な女性は，経験した対人ストレスイベントがストレスフルなものであるか否かにかかわらず，抑うつが減少することが示された。あいまいさに寛容な女性は男性同様，経験した対人ストレスイベントがストレスフルなものであるという評価を下しても，認知的判断の

停止をおこない,ネガティブな出来事によって一時的に生じた不確実性に対処する(Andersen & Schwartz, 1992)ことにより,抑うつに陥らないことができるのかもしれない。これらのことは,女性においても対人場面におけるあいまいさへの非寛容が認知的脆弱性になり得ることを示唆している。

第3節　ストレス反応・ハピネスへの影響 ―対人的ストレッサーの場合― (研究8)

1. 目　的

　対人場面におけるあいまいさに非寛容な者は寛容な者に比べて,対人関係に関するネガティブイベントをより多く経験した場合,ストレス反応を増大させ,ハピネスを減少させるかどうか,また対人関係に関するポジティブイベントをより多く経験した場合,ストレス反応を減少させ,ハピネスを増大させるかどうか,素因ストレスモデルによって検討することを目的とする。また,前節研究7同様男性と女性とでどのような交互作用のパターンの違いがみられるかについても検討する。

2. 方　法

調査協力者および調査時期
　2003年12月上旬～2004年1月中旬の間に,京都市内の4年制大学に通う大学生を対象に,期間をおいて2回の質問紙調査を実施した。本研究では,調査に2回とも参加し,有効回答が得られた236名(男子116名,女子120名)を分析対象にした。平均年齢は19.17歳($SD=0.65$歳)であった。なお,1回目の調査(時点1)と2回目の調査(時点2)の実施間隔は,約1ヶ月半であった。

測　度
対人場面におけるあいまいさへの非寛容　第2章研究3で作成したIIAS-Rを用いた。
ライフイベント　高比良(1998a)の対人・達成領域別ライフイベント尺度(大学生用)の,対人領域に関する下位尺度のみを用いた。この尺度は,大学生が日常生活の中でよく体験すると思われる対人・達成領域それぞれのネガティ

ブイベントとポジティブイベントを測定するものであり，対人領域30項目，達成領域30項目からなる。本研究では久田・丹羽（1990）に倣い，まず各項目について過去1ヶ月の経験頻度を「全然なかった（0点）」から「よくあった（4点）」までの5件法で回答を求めた。これは出来事の経験頻度が高くなるほど得点が高くなるように構成されている。さらに，経験した出来事に対する良好－嫌悪度について「非常に嫌だった（-3点）」から「非常に良かった（3点）」までの7件法で回答を求めた。これは，出来事が良好であると感じるほど得点が高くなるように構成されている。本研究では，対人領域のネガティブイベントおよびポジティブイベントの項目の合計得点をそれぞれ算出して用いた。なお，ネガティブイベントに関する質問項目は，得点を逆転させて嫌悪－良好度として用いた[6]。

ストレス反応　第3章研究5および研究6で用いた尾関他（1994）のSRSを用いた。

ハピネス　第3章研究5および研究6で用いた植田他（1992）のHSを用いた。

実施方法

2時点とも授業時間中に質問紙を配布，約1週間の提出期限を設け，後日回収した。1回目の調査（時点1）では，SRS，HS，IIAS-Rを実施し，2回目の調査（時点2）では，SRS，HS，対人ライフイベント尺度を実施した。

3. 結　果

各測度の基本統計量

Table 4-5に各測度の平均値，標準偏差，Cronbachのα係数および得点範囲を示す。なお，性差を検討するために各得点についてt検定をおこなったところ，対人ポジティブイベントの経験頻度および良好－嫌悪度得点において有意な得点差がみられ，男性よりも女性の方がそれぞれ有意に高かったが，その他の変数では有意差はみられなかった。

---

[6] 良好－嫌悪度のままだと，対人ネガティブイベントを良好的だと思うほど得点が高くなり，嫌悪的だと思うほど得点が低くなるので，結果の解釈の際に誤解を招く恐れがある。そこで，得点を逆転させて嫌悪－良好度とした。

Table 4-5 各測度の平均値・標準偏差・α係数および得点範囲

	全体			男性			女性			(df=234)	
	M	SD	α	M	SD	α	M	SD	α	t値	得点範囲
初対面の関係	26.91	6.30	.77	26.95	6.93	.80	26.87	5.66	.74	.10	6〜42点
半見知りの関係	25.78	5.70	.63	25.76	5.70	.57	25.81	5.72	.69	-.07	11〜42点
友人関係	18.78	5.06	.65	18.91	5.05	.61	18.65	5.09	.71	.39	5〜35点
ネガ・経験頻度	13.03	8.68	.82	13.52	9.72	.85	12.55	7.56	.76	.85	0〜44点
ネガ・嫌悪−良好度	7.25	9.04	.82	6.46	10.87	.87	8.01	6.77	.72	1.31	-45〜39点
ポジ・経験頻度	22.77	10.08	.80	20.78	10.48	.82	24.69	9.33	.76	3.03**	2〜58点
ポジ・良好−嫌悪度	20.09	9.67	.80	18.17	10.82	.85	21.94	8.03	.72	3.03**	0〜45点
ストレス反応1	65.95	19.62	.95	64.81	18.61	.95	67.06	20.56	.96	.88	35〜122点
ストレス反応2	64.97	19.10	.95	62.66	17.25	.94	67.21	20.55	.96	1.84	35〜123点
ハピネス1	36.65	7.52	.83	36.76	6.76	.78	36.54	8.22	.87	.22	17〜55点
ハピネス2	37.06	7.81	.86	37.16	7.29	.82	36.97	8.30	.90	.19	18〜54点

初対面の関係＝初対面の関係におけるあいまいさへの非寛容
半見知りの関係＝半見知りの関係におけるあいまいさへの非寛容
友人関係＝友人関係におけるあいまいさへの非寛容
ネガ・経験頻度＝対人ネガティブイベントの経験頻度
ネガ・嫌悪−良好度＝対人ネガティブイベントの嫌悪−良好度
ポジ・経験頻度＝対人ポジティブイベントの経験頻度
ポジ・良好−嫌悪度＝対人ポジティブイベントの良好−嫌悪度
ストレス反応1＝時点1に測定されたストレス反応
ストレス反応2＝時点2に測定されたストレス反応
ハピネス1＝時点1に測定されたハピネス
ハピネス2＝時点2に測定されたハピネス
**$p<.01$

素因ストレスモデルの検討

　ストレス反応およびハピネスに関する素因ストレスモデルを検討するために，時点2のストレス反応得点およびハピネス得点をそれぞれ基準変数とした，階層的重回帰分析を男女別におこなった。その結果，男性はストレス反応を基準変数とした場合，半見知りの関係および友人関係におけるあいまいさへの非寛容において，対人ネガティブイベントの嫌悪−良好度との有意な交互作用がみられた。一方女性はハピネスを基準変数とした場合，初対面の関係および半見知りの関係におけるあいまいさへの非寛容において，対人ネガティブイベントの経験頻度との有意な交互作用がみられた。男性に関する結果をTable 4-6とTable 4-7に，女性に関する結果をTable 4-8とTable 4-9にそれぞれ示す。なお，これら以外の組み合わせの交互作用はいずれも有意ではなかった。

Table 4-6 ストレス反応の変化に関する階層的重回帰分析（男性）

ステップ	投入された変数	R^2	ΔR^2	F	p for ΔR^2	pr
1	ストレス反応1	.403	.403	76.88	.000	.58
2	ネガ・嫌悪−良好度	.409	.007	1.25	.267	.04
3	半見知りの関係	.422	.013	2.56	.113	.14
4	交互作用	.445	.022	4.49	.036	.20

ストレス反応1＝時点1に測定されたストレス反応
ネガ・嫌悪−良好度＝対人ネガティブイベントの嫌悪−良好度
半見知りの関係＝半見知りの関係におけるあいまいさへの非寛容

Table 4-7 ストレス反応の変化に関する階層的重回帰分析（男性）

ステップ	投入された変数	R^2	ΔR^2	F	p for ΔR^2	pr
1	時点1における抑うつ	.403	.403	76.88	.000	.61
2	対人ストレスイベントの認知的評価	.409	.007	1.25	.267	.02
3	友人関係	.410	.001	.15	.697	.01
4	交互作用	.434	.023	4.60	.034	.20

ストレス反応1＝時点1に測定されたストレス反応
ネガ・嫌悪−良好度＝対人ネガティブイベントの嫌悪−良好度
友人関係＝友人関係におけるあいまいさへの非寛容

Table 4-8 ハピネスの変化に関する階層的重回帰分析（女性）

ステップ	投入された変数	R^2	ΔR^2	F	p for ΔR^2	pr
1	ハピネス1	.656	.656	224.78	.000	.81
2	ネガ・経験頻度	.667	.011	3.92	.050	−.13
3	初対面の関係	.682	.015	5.51	.021	−.22
4	交互作用	.693	.011	4.02	.047	−.18

ハピネス1＝時点1に測定されたハピネス
ネガ・経験頻度＝対人ネガティブイベントの経験頻度
初対面の関係＝初対面の関係におけるあいまいさへの非寛容

Table 4-9 ハピネスの変化に関する階層的重回帰分析（女性）

ステップ	投入された変数	R^2	ΔR^2	F	p for ΔR^2	pr
1	ハピネス1	.656	.656	224.78	.000	.80
2	ネガ・経験頻度	.667	.011	3.92	.050	−.13
3	半見知りの関係	.681	.014	4.99	.027	−.22
4	交互作用	.693	.011	4.30	.040	−.19

ハピネス1＝時点1に測定されたハピネス
ネガ・経験頻度＝対人ネガティブイベントの経験頻度
半見知りの関係＝半見知りの関係におけるあいまいさへの非寛容

続いて,得られた交互作用の内容を明確にするために,前節研究7同様Cohen & Cohen (1983) の手続きに従って,単回帰直線を求めた。

まずFigure 4-3およびFigure 4-4に,男性の場合の単回帰直線を示す。半見知りの関係および友人関係におけるあいまいさに非寛容な者は,対人ネガテ

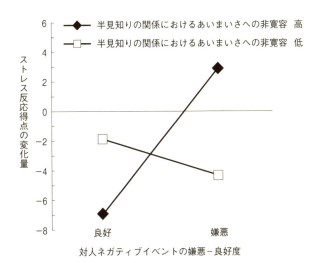

Figure 4-3　半見知りの関係におけるあいまいさへの非寛容と対人ネガティブイベントの嫌悪-良好度とのストレス反応における交互作用(男性)

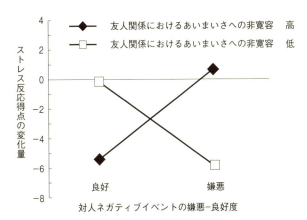

Figure 4-4　友人関係におけるあいまいさへの非寛容と対人ネガティブイベントの嫌悪-良好度とのストレス反応における交互作用(男性)

82　第4章　認知的脆弱性としてのあいまいさへの非寛容

ィブイベントを嫌悪的なものであると評価するにつれ，時点1に比べて時点2でのストレス反応得点が増大していた（$pr=.20$, $p<.05$; $pr=.20$, $p<.05$）が，良好的なものであると評価すると，時点1に比べて時点2でのストレス反応得

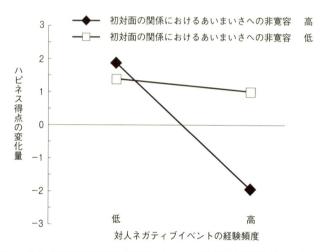

Figure 4-5　初対面の関係におけるあいまいさへの非寛容と対人ネガティブイベントの経験頻度とのハピネスにおける交互作用（女性）

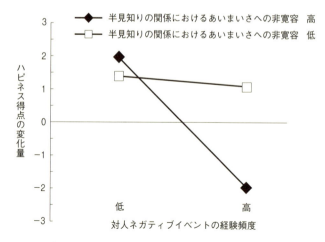

Figure 4-6　半見知りの関係におけるあいまいさへの非寛容と対人ネガティブイベントの経験頻度とのハピネスにおける交互作用（女性）

点が減少していた（$pr=.20$, $p<.05$; $pr=.20$, $p<.05$）。一方半見知りの関係におけるあいまいさに寛容な者は，対人ネガティブイベントが嫌悪的か良好的かにかかわらず，時点1に比べて時点2でのストレス反応得点は減少しており（$pr=.20$, $p<.05$），友人関係におけるあいまいさに寛容な者は，対人ネガティブイベントを嫌悪的なものであると評価するにつれ，時点1に比べて時点2でのストレス反応得点が減少していた（$pr=.20$, $p<.05$）が，良好的なものであると評価すると，時点1と時点2でのストレス反応得点にはほとんど差がみられなかった（$pr=.20$, $p<.05$）。

次にFigure 4-5およびFigure 4-6に，女性の場合の単回帰直線を示す。初対面の関係および半見知りの関係におけるあいまいさに非寛容な者は，対人ネガティブイベントの経験頻度が増えると，時点1に比べて時点2でのハピネス得点が減少する傾向がみられた（$pr=-.18$, $p<.05$; $pr=-.19$, $p<.05$）が，経験頻度が減るにつれ，時点1に比べて時点2でのハピネス得点が増大している傾向がみられた（$pr=-.18$, $p<.05$; $pr=-.19$, $p<.05$）。一方初対面および半見知りの関係におけるあいまいさに寛容な者は，対人ネガティブイベント経験の多寡にかかわらず，時点1に比べて時点2でのハピネス得点は増大する傾向がみられた（$pr=-.18$, $p<.05$; $pr=-.19$, $p<.05$）。

4. 考　察

本研究では，対人場面におけるあいまいさへの非寛容と対人関係に関するネガティブライフイベントとの交互作用が，男性ではストレス反応の増大に，女性ではハピネスの減少に，それぞれ有意な影響を与えていた。これらの知見は，結果変数が抑うつであった前節研究7の知見を拡張していた。

男性における素因ストレスモデルについて

半見知りや友人関係におけるあいまいさに非寛容な男性は，経験した対人ネガティブイベントがストレスフルなものである場合はストレス反応が増大し，そうではない場合はストレス反応が減少することが示された。第3章研究4で示されたように，あいまいさに非寛容な男性は対処に至る評価過程に分化と複雑化がみられることから，対人ネガティブイベントに直面した際自己に与える影響を色々考えた結果，ストレスフルなインパクトをもつと評価し，ストレス

反応を表出したことが推測される。また，対人ネガティブイベントがストレスフルなものではないと評価を下した場合は，それ以上考えこむ必要がなくなるので，結果としてストレス反応が減少するのかもしれない。

一方，半見知りや友人関係におけるあいまいさに寛容な男性は，経験した対人ネガティブイベントがストレスフルなものであるか否かにかかわらず，ストレス反応は増大しないことが示された。あいまいさに寛容な者は，経験した対人ネガティブイベントがストレスフルなものであるという評価を下しても，前節研究7同様処理過程の中で一時的に生じた不確実性について認知的判断の停止をおこない，適切に対処する（Andersen & Schwartz, 1992）ことにより，ストレス反応を表出するまでに至らないことが考えられる。これらのことは，男性において結果変数をストレス反応に拡張した場合でも，対人場面におけるあいまいさへの非寛容が認知的脆弱性になり得ることを示唆している。

女性における素因ストレスモデルについて

初対面や半見知りの関係におけるあいまいさに非寛容な女性は，対人ネガティブイベントの経験頻度が高い場合はハピネスが減少し，低い場合はハピネスが増大することが示された。第3章研究4で示されたように，あいまいさに非寛容な女性は直截的に行動する傾向があるので，対人ネガティブイベントを経験するか否かを根拠に，その出来事がもたらす様々な影響や脅威の可能性を十分に評価するよりも，トータルな感情的態度による判断を優先させ，その結果，ハピネスの増減が生じることが考えられる。

一方，初対面や半見知りの関係におけるあいまいさに寛容な女性は，経験した対人ネガティブイベントの多寡にかかわらず，ハピネスは増大することが示された。あいまいさに寛容な女性は男性同様，ネガティブな出来事によって一時的に生じた不確実性を認知的判断の停止によって対処する（Andersen & Schwartz, 1992）ことにより，対人ネガティブイベントを経験してもそれに対する評価をいったん保留し，ハピネスを維持することができると考えられる。これらの結果から，女性においても対人場面におけるあいまいさへの非寛容が認知的脆弱性になり得ることが示唆された。

ポジティブイベントの効果について

対人場面におけるあいまいさへの非寛容と対人ポジティブイベントとの有意

な交互作用は,男女ともにみられなかった。対人ポジティブイベントはストレス反応に対する影響性が弱い(Taylor, 1991; 外山・桜井, 1999)ので,有意な交互作用が得られなかったのかもしれない。さらに,出来事が起こることによって生じる変化に適応しなければならないなど,ポジティブイベントも捉え方によってはネガティブなものとなる(Holmes & Rahe, 1967)。本研究における対人ポジティブイベントの良好-嫌悪度の得点範囲をみると,最低点は0点であり,良好的ではないという評定をした者が存在する[7]。これらのことから,対人ポジティブイベントに包含されるポジティブな側面とネガティブな側面が相殺し,ストレス反応およびハピネスに影響を与えなかったことも考えられる。

性別による結果変数の違いについて

本研究では男性においてハピネスの増減に,女性においてストレス反応の増減にそれぞれ影響を与える交互作用の組み合わせはみられなかった。対人場面におけるあいまいさへの非寛容を検討する際,ハピネスとストレス反応は異なる様相を示しており,対人ネガティブイベントをより多く経験した場合はストレス反応が増大してハピネスが減少し,対人ポジティブイベントをより多く経験した場合はストレス反応が減少してハピネスが増大する,というような単純な図式は否定されたと言えよう。しかし,本研究からはその機序をはっきりさせることができない。よって,対人場面におけるあいまいさへの非寛容とハピネスおよびストレス反応の増減やそのプロセス,さらに性別による傾向の違いについては,今後さらなる検討が必要であるように思われる。

領域合致仮説について

ここで,対人ネガティブイベントの領域を細分化して,交互作用が得られた素因変数との領域合致について考察する。本研究で用いた対人ライフイベント尺度(高比良, 1998a)の項目内容をみてみると,比較的親しい人との間で生じたネガティブイベントに関するものが多い。本研究では,男性のみにみられた有意な交互作用を形成する素因変数は友人関係におけるあいまいさへの非寛容であり,素因変数と対人ネガティブイベントの領域がほぼ完全に合致してい

---

[7] 項目レベルだとマイナスの評定も散見されるので,人によっては特定のポジティブイベントがネガティブなものと捉えられていることが示唆される。

た。この結果は，領域合致仮説に沿うものである。

　一方，女性のみにみられた有意な交互作用を形成する素因変数は初対面の関係におけるあいまいさへの非寛容であり，素因変数と対人ネガティブイベントの領域は完全には合致していなかった。女性は男性に比べて対人関係に敏感である（Beck, 1983）ので，不完全な領域合致でもハピネスに影響を与えた可能性が考えられる。

　なお，男女ともにみられた有意な交互作用を形成する素因変数は，半見知りの関係におけるあいまいさへの非寛容であった。不完全な領域合致であるにもかかわらず，男女とも結果変数に影響を与えていたことは，注目に値する。この結果は，IIAS-R の3つの下位尺度のうち，半見知りにおけるあいまいさへの非寛容が最も認知的脆弱性になりやすいことを示唆している。

第4節　ストレス反応・ハピネスへの影響 ―全般的ストレッサーの場合―（研究9）

1. 目　　的

　対人場面のあいまいさに非寛容な者は寛容な者に比べて，対人場面に限定されないストレッサーをより多く経験した場合においても，ストレス反応を増大させ，ハピネスを減少させるかどうか，素因ストレスモデルによって検討することを目的とする。また，前節研究8および前々節研究7同様男性と女性とでどのような交互作用のパターンの違いがみられるかについても検討する。

2. 方　　法

調査協力者および調査時期

　2003年6月中旬～7月下旬の間に，京都市内の4年制大学に通う大学生を対象に，期間をおいて2回の質問紙調査を実施した。本研究では，2回の調査ともに参加し，有効回答が得られた175名（男子72名，女子103名）を分析対象にした。平均年齢は20.96歳（$SD=1.87$歳）であった。なお，1回目の調査（時点1）と2回目の調査（時点2）の実施間隔は，約1ヶ月半であった。

測　度

対人場面におけるあいまいさへの非寛容　第2章研究3で作成したIIAS-Rを用いた。

ストレッサー　尾関他 (1994) のストレッサー尺度を用いた。この尺度は35項目からなり，大学生が日常生活において体験するような出来事に対して，過去1ヶ月の経験の有無および経験した出来事に対する嫌悪度を測定するものである。各項目についてそれぞれ経験がなかった場合は0点，経験があった場合は「何ともなかった (1点)」から「非常につらかった (4点)」までの4件法で回答を求めた。これは，出来事を経験し，そのことがストレスフルであると感じるほど得点が高くなるように構成されている。本研究では，全項目の合計得点を算出して用いた。

ストレス反応　第3章研究5, 研究6および前節研究8で用いた尾関他 (1994) のSRSを用いた。本研究では，情動反応，認知・行動的反応，身体的反応の3つの反応ごとの項目の合計得点をそれぞれ算出して用いた。

ハピネス　第3章研究5, 研究6および前節研究8で用いた植田他 (1992) のHSを用いた。本研究では，下位尺度ごとの項目の合計得点をそれぞれ算出して用いた。

実施方法

心理学実験室において，最多で14名までの少人数による集団法で実施した。1回目の調査 (時点1) では，HS, SRS, IIAS-Rを実施し，2回目の調査 (時点2) では，HS, SRS, ストレッサー尺度を実施した。なお，別の研究目的のために時点1で小西・大川・橋本 (2006) によるNarcissistic Personality Inventory-35 (NPI-35) も同時に施行されたが，本研究の分析では除かれた。

3. 結　果

各測度の基本統計量

Table 4-10に各測度の平均値と標準偏差およびCronbachのα係数を示す。なお，性差を検討するために各得点についてt検定をおこなったところ，ストレッサー得点においてのみ，有意な得点差がみられたが，その他の変数では有意差はみられなかった。

第4章 認知的脆弱性としてのあいまいさへの非寛容

Table 4-10 各測度の平均値と標準偏差および α 係数

	全体			男性			女性			(df=173)
	M	SD	α	M	SD	α	M	SD	α	t 値
初対面の関係	25.35	6.58	.78	24.64	6.87	.77	25.84	6.36	.78	1.19
半見知りの関係	23.80	6.50	.71	22.74	7.40	.77	24.54	5.70	.63	1.74
友人関係	17.22	4.86	.51	16.90	5.39	.58	17.44	4.47	.44	.71
ストレッサー	35.31	18.74	.89	31.69	17.58	.88	37.83	19.19	.89	2.16
情動反応1	30.50	10.42	.94	29.57	0.39	.95	31.15	0.44	.93	.99
情動反応2	29.78	10.64	.94	28.12	0.27	.94	30.94	0.80	.94	1.73
認知・行動的反応1	17.73	6.10	.88	17.47	5.73	.85	17.91	6.36	.89	.47
認知・行動的反応2	17.35	5.93	.88	16.74	5.38	.85	17.79	6.27	.89	1.16
身体的反応1	17.89	5.94	.87	17.93	6.02	.88	17.86	5.92	.86	.07
身体的反応2	17.33	6.18	.88	16.58	5.82	.89	17.84	6.39	.88	1.33
生活充実感1	13.90	3.15	.83	13.78	3.29	.85	13.98	3.06	.82	.42
生活充実感2	13.95	2.98	.84	14.00	3.15	.85	13.91	2.87	.83	.19
積極的展望1	8.64	2.43	.87	9.03	2.40	.89	8.37	2.43	.87	1.78
積極的展望2	8.66	2.34	.88	8.85	2.52	.90	8.53	2.20	.87	.87
ストレス・バッファ1	9.81	1.61	.50	9.78	1.75	.55	9.83	1.50	.50	.19
ストレス・バッファ2	9.69	1.45	.39	9.60	1.51	.39	9.76	1.41	.45	.87
自己肯定感1	8.11	1.95	.58	8.19	1.93	.56	8.05	1.97	.60	.49
自己肯定感2	8.13	1.85	.70	8.43	1.81	.68	7.92	1.86	.71	1.80

初対面の関係＝初対面の関係におけるあいまいさへの非寛容
半見知りの関係＝半見知りの関係におけるあいまいさへの非寛容
友人関係＝友人関係におけるあいまいさへの非寛容
情動反応1＝時点1に測定された情動反応
情動反応2＝時点2に測定された情動反応
認知・行動的反応1＝時点1に測定された認知・行動的反応
認知・行動的反応2＝時点2に測定された認知・行動的反応
身体的反応1＝時点1に測定された身体的反応
身体的反応2＝時点2に測定された身体的反応
生活充実感1＝時点1に測定された生活充実感
生活充実感2＝時点2に測定された生活充実感
積極的展望1＝時点1に測定された将来についての積極的展望
積極的展望2＝時点2に測定された将来についての積極的展望
ストレス・バッファ1＝時点1に測定されたストレス・バッファ
ストレス・バッファ2＝時点2に測定されたストレス・バッファ
自己肯定感1＝時点1に測定された自己肯定感
自己肯定感2＝時点2に測定された自己肯定感
*p<.05

素因ストレスモデルの検討

ストレス反応およびハピネスに関する素因ストレスモデルを検討するために，時点2のストレス反応得点およびハピネス得点の下位尺度をそれぞれ基準変数とした，階層的重回帰分析を男女別におこなった。その結果，男性は認知・行動的反応を基準変数とした場合，初対面の関係におけるあいまいさへの非寛容および友人関係におけるあいまいさへの非寛容において有意な交互作用がみられた。一方女性はストレス・バッファを基準変数とした場合，初対面の関係におけるあいまいさへの非寛容および半見知りの関係におけるあいまいさへの非寛容において有意な交互作用がみられた。男性に関する結果を Table 4-11 と Table 4-12 に，女性に関する結果を Table 4-13 と Table 4-14 にそれぞ

Table 4-11 認知・行動的反応の変化に関する階層的重回帰分析（男性）

ステップ	投入された変数	R^2	ΔR^2	F	p for ΔR^2	pr
1	時点1における認知・行動的反応	.461	.461	59.818	.000	.61
2	ストレッサー	.526	.066	9.551	.003	.44
3	初対面の関係におけるあいまいさへの非寛容	.578	.052	8.318	.005	.39
4	交互作用	.616	.038	6.549	.013	.30

Table 4-12 認知・行動的反応の変化に関する階層的重回帰分析（男性）

ステップ	投入された変数	R^2	ΔR^2	F	p for ΔR^2	pr
1	時点1における認知・行動的反応	.461	.461	59.818	.000	.66
2	ストレッサー	.526	.066	9.551	.003	.29
3	友人関係におけるあいまいさへの非寛容	.528	.002	.286	.594	.14
4	交互作用	.572	.044	6.812	.011	.30

Table 4-13 ストレス・バッファの変化に関する階層的重回帰分析（女性）

ステップ	投入された変数	R^2	ΔR^2	F	p for ΔR^2	pr
1	時点1におけるストレス・バッファ	.393	.393	65.302	.000	.63
2	ストレッサー	.436	.044	7.767	.006	-.25
3	初対面の関係におけるあいまいさへの非寛容	.451	.015	2.676	.105	-.15
4	交互作用	.504	.053	10.381	.002	.31

Table 4-14 ストレス・バッファの変化に関する階層的重回帰分析（女性）

ステップ	投入された変数	R^2	ΔR^2	F	p for ΔR^2	pr
1	時点1におけるストレス・バッファ	.393	.393	65.302	.000	.63
2	ストレッサー	.436	.044	7.767	.006	-.26
3	半見知りの関係におけるあいまいさへの非寛容	.442	.006	1.035	.311	-.07
4	交互作用	.470	.028	5.202	.025	.23

れ示す。

続いて，得られた交互作用の内容を明確にするために，前々節研究7および前節研究8同様 Cohen & Cohen（1983）の手続きに従って，単回帰直線を求めた。

まず Figure 4-7 および Figure 4-8 に，男性の場合の単回帰直線を示す。初対面の関係および友人関係におけるあいまいさに非寛容な者は，ストレッサーの水準が強まるにつれ，時点2での認知・行動的反応得点が増大していた

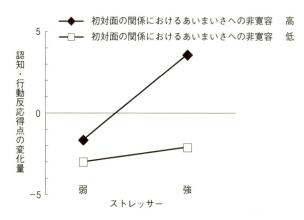

Figure 4-7　初対面の関係におけるあいまいさへの非寛容とストレッサーとの認知・行動的反応における交互作用（男性）

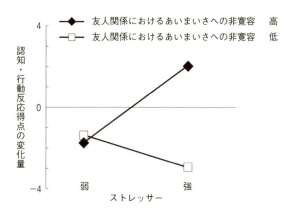

Figure 4-8　友人関係におけるあいまいさへの非寛容とストレッサーとの認知・行動的反応における交互作用（男性）

(pr=.30, p<.05；pr=.30, p<.05）が，ストレッサーの水準が弱いと，時点2での認知・行動的反応得点が減少していた（pr=.30, p<.05；pr=.30, p<.05）。一方初対面の関係および友人関係におけるあいまいさに寛容な者は，ストレッサーの水準にかかわらず，時点2での認知・行動的反応得点は減少していた（pr=.30, p<.05；pr=.30, p<.05）。

次にFigure 4-9およびFigure 4-10に，女性の場合の単回帰直線を示す。初

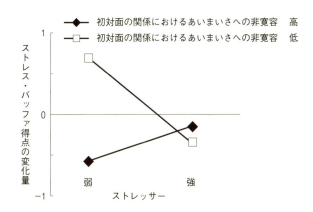

Figure 4-9 初対面の関係におけるあいまいさへの非寛容とストレッサーとの認知・行動的反応における交互作用（女性）

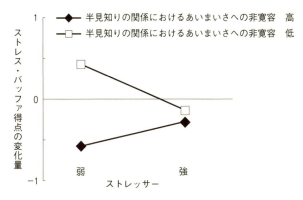

Figure 4-10 半見知りの関係におけるあいまいさへの非寛容とストレッサーとの認知・行動的反応における交互作用（女性）

対面の関係および半見知りの関係におけるあいまいさに非寛容な者は，ストレッサーの水準にかかわらず，時点2でのストレス・バッファ得点は減少していた（$pr=.31$, $p<.05$；$pr=.23$, $p<.05$）。一方初対面の関係および半見知りの関係におけるあいまいさに寛容な者は，ストレッサーの水準が強まるにつれ，時点2でのストレス・バッファ得点が減少していた（$pr=.31$, $p<.05$；$pr=.23$, $p<.05$）が，ストレッサーの水準が弱いと，時点2でのストレス・バッファ得点が増大していた（$pr=.31$, $p<.05$；$pr=.23$, $p<.05$）。

4. 考　察

　本研究では，対人場面におけるあいまいさへの非寛容と対人関係に限定されないストレッサーとの交互作用が，男性ではストレス反応の増大に，女性ではハピネスの減少に，それぞれ有意な影響を与えていた。これらの知見は，ストレスイベントならばどのような領域のものでも抑うつを引き起こす，というTeasdale（1985）の知見を一部支持するものであり，ストレッサーを対人場面に限定した前節研究8の知見を拡張したものである。

男性における素因ストレスモデルについて
　初対面や友人関係におけるあいまいさに非寛容な男性は，経験したストレッサーがストレスフルなものである場合は認知・行動的ストレス反応が増大し，ストレスフルなものではない場合は認知・行動的ストレス反応が減少することが示された。第3章研究4で示されたように，あいまいさに非寛容な男性は対処に至る評価過程に分化と複雑化がみられることから，ストレッサーに直面した際そのことについて考えこむのかもしれない。その結果，認知・行動的なストレス反応に特異的に影響を与えたことが推測される。また，ストレッサーがストレスフルではない場合はストレスフルである場合に比べて，相対的に考えこむ頻度が低くなるので，結果としてストレス反応が減少するのかもしれない。
　一方，初対面や友人関係におけるあいまいさに寛容な男性は，経験したストレッサーがストレスフルなものであるか否かにかかわらず，認知・行動的なストレス反応は増大しないことが示された。あいまいさに寛容な者は前々節研究7および前節研究8同様認知的判断の停止をおこなって，ネガティブな出来事によって一時的に生じた不確実性をうまく対処していく（Andersen &

Schwartz, 1992) ことから，ストレッサーに直面してもストレス反応を表出するまでの処理過程でうまく対処することができるのかもしれない。これらの知見はいずれも前節研究8の結果と類似していることから，男性において対人場面におけるあいまいさへの非寛容は，ストレッサーが対人関係に限定されないものであっても認知的脆弱性になり得ることを示唆しているように思われる。

女性における素因ストレスモデルについて

初対面や半見知りの関係におけるあいまいさに非寛容な女性は，経験したストレッサーがストレスフルなものであるか否かにかかわらず，ストレス・バッファは減少することが示された。第3章研究4で示されたように，あいまいさに非寛容な女性は直截的に行動する傾向があることから，ストレッサーがストレスフルなものであるか否かという評価をおこなう以前に，白か黒か式の解決 (Frenkel-Brunswik, 1949, 1954) をおこなうことによって認知がネガティブな方向に偏り，現実を客観的に把握することができず，慢性的に幸福感を感じることができなくなっているのかもしれない。その結果，「親しく打ち解けて話せる人がいる」「大切にしている集団の中で自分の個性が生かされている」といったような，対人関係に関連する幸福感であるストレス・バッファに特異的に影響を与えたことが推測される。

一方，初対面や半見知りの関係におけるあいまいさに寛容な女性は，経験したストレッサーがストレスフルなものではない場合はストレス・バッファが若干増大し，ストレスフルなものである場合はストレス・バッファが若干減少することが示された。これらのことは，あいまいさに寛容な女性は現実を客観的に把握することができ，ストレッサーに対して素直な反応をする，つまりストレッサーの変動にあわせて幸福感も変動することを示唆している。しかし，前節研究8とは異なり，ストレッサーがストレスフルなものであっても幸福感が維持される，という交互作用は本研究においてはみられなかった。このことは，ストレッサーが対人関係に限定されない場合，女性において対人場面におけるあいまいさへの非寛容が認知的脆弱性になり得ないことを示唆している。

第5節 ま と め

　本章では，対人場面におけるあいまいさへの非寛容と精神的健康度の関連性について，素因ストレスモデルを用いて検討することの有効性を提唱し，領域合致仮説の検討，ライフイベントおよび結果変数の拡張，ならびに性差の検討の必要性を指摘した。そして，これらの問題を検証する3つの研究を報告した。第2節研究7では，対人場面におけるあいまいさへの非寛容と対人ストレスイベントとの交互作用が，男女とも抑うつの増大に影響を与えることが示された。第3節研究8では対人場面におけるあいまいさへの非寛容と対人ネガティブイベントとの交互作用が，男性のみストレス反応の増大，女性のみハピネスの減少に，それぞれ影響を与えることが示され，対人ポジティブイベントはまったく影響を与えないことが示された。第4節研究9では対人場面におけるあいまいさへの非寛容と全般的ストレスイベントとの交互作用が，男性のみストレス反応の増大，女性のみハピネスの減少に，それぞれ影響を与えることが示された。

　これらの研究結果を総括すると，対人場面におけるあいまいさへの非寛容が精神的不健康に対する認知的脆弱性となり得ることを示唆している。ただし，性別によって影響を与える結果変数が異なる，性別および結果変数によって交互作用のパターンが異なるなど，その関連性は極めて複雑であることも示された。

　これらの一因として，研究によって使用した尺度の相違が挙げられる。第2節研究7で使用した対人ストレスイベント尺度（橋本, 1997）の項目内容は比較的親しくない人との間で生じた出来事に関するものが多く，第3節研究8で用いた対人ライフイベント尺度（高比良, 1998a）の項目内容は，比較的親しい人との間で生じた出来事に関するものが多い。また，第2節研究7では改訂前のIIASを使用し，第3節研究8では改訂後のIIAS-Rを使用した。これらのような使用尺度の相違が，複雑な関連性を生み出した可能性があるので，同一の尺度を用いて改めて検討する必要がある。

　また，本研究では限定的な領域合致仮説も検討した。第2節研究7および第3節研究8においては対人ネガティブイベントのみを測定し，第4節研究9で

は対人ネガティブイベントとその他の領域のネガティブイベントが混在している状態でストレッサー尺度全項目の合計得点を算出した[8]。その結果，いずれも交互作用が精神的不健康を予測することが支持された。これらを踏まえ，完全な領域合致仮説の検討が次の段階の課題として挙げられる。具体的には，高比良（2000）のように，対人ネガティブイベントと課題の達成や問題解決などに関する達成ネガティブイベントを同時に測定し，対人ネガティブイベントとの交互作用のみが精神的不健康を予測し，達成ネガティブイベントとの交互作用は精神的不健康を予測しないことを示すことである。友野・橋本（2005b）では完全な領域合致仮説を支持する結果が一部得られており，さらなる詳細な検討が急務である。このことで，対人場面におけるあいまいさへの非寛容と精神的健康度との複雑な関連性を整理する一助となるかもしれない。

---

[8] 尾関（2004）は，本研究で用いたストレッサー尺度が領域ごとに分類されていないことを指摘している。

第5章
全体的まとめと展望

　本章では，第1章で提起された問題に沿っておこなわれた，第2章以降の実証研究の成果と限界について述べる。さらに，本研究で得られた知見を踏まえて，あいまいさへの非寛容研究の展望をおこなう。

第1節　本研究の成果と限界

1. あいまいさへの非寛容尺度について

　第2章では，既存のあいまいさへの非寛容尺度である MAT-50 の問題点を指摘し，その統計的不備を実証した。そして，そのことを踏まえて，対人場面に限定した新しいあいまいさへの非寛容尺度である IIAS およびその改訂版である IIAS-R を作成し，信頼性と妥当性の検討をおこなった。その結果，IIAS-R はほぼ十分な信頼性と妥当性を兼ね備えた尺度であることが示唆された。第2章第1節で述べたように，今まで開発されてきたあいまいさへの非寛容尺度のほとんどは，あいまいさの設定が研究者の主観的観点でおこなわれており，自由記述など調査協力者側の観点による検討や，領域を限定した測定の試みはほとんどされてこなかった。これらの点を踏まえると，IIAS-R は先行研究とは異なった観点から作成されたということから，一定の成果を挙げることができたと言えよう。

　しかし，本研究から得られた知見のみでは，IIAS-R の適用範囲に限界があることを想定せざるを得ない。その理由として，IIAS-R を作成する際の調査対象者がいずれも大学生および短期大学生のみであったことが挙げられる。このことから，IIAS-R の項目作成の過程で実施された自由記述調査によって得られた対人場面には，大学生独特の対人関係が反映している可能性が考えられる。そこで，大学生以外の成人を中心とした他の年齢層においても，IIAS-R

が適用可能かどうか検討する必要がある。また，近年では臨床現場において不確実性への非寛容（Intolerance of Uncertainty）[9] と妄想性障害（Bentall & Swarbrick, 2003）や全般性不安障害（Dugas, Ladouceur, Léger, Freeston, Langolis, Provencher, & Boisvert, 2003），強迫性障害（Tolin, Abramowitz, Brigidi, & Foa, 2003）などとの関連性が報告されている。よって，臨床現場へIIAS-R が適用可能かどうか検討する意義はある。

2. ストレスコーピングについて

　第3章では，心理的ストレスモデルの枠組みにより，あいまいさへの非寛容と精神的健康との関連性について，ストレスコーピングを媒介因とした検討をおこなった。第1章第2節で述べたように，心理的ストレスモデルにあいまいさへの非寛容を当てはめて検討された先行研究は増田（1998）があるのみで，今まで研究結果が蓄積されてこなかった。本研究において，部分的ではあるもののあいまいさへの非寛容と特定の不適切なコーピングが結び付き，精神的健康に悪影響を与えることが示唆されたことは，研究の進展に新たな方向性を示すことができたと考えられる。

　しかし，本研究で得られた知見のみでは，あいまいさへの非寛容と認知的評価，コーピング，および精神的健康の因果関係を完全には特定できない。まず，第3章研究4および研究5で得られたデータは横断的なデータであるので，因果関係について言及をするには不十分である。両研究とも用いた質問紙は場面想定法によって測定するものであったので，得られた結果が現実場面における対処行動を必ずしも予測するものではないであろう。一方，第3章研究6は縦断データを用いることにより，あいまいさへの非寛容が1ヵ月後の精神的健康度を予測することが示唆されたので，因果関係を言及することはある程度可能である。ところが，認知的評価やコーピングがまったく媒介しないことが示され，研究5とは食い違う結果となってしまった。この原因として，第3章では

---

[9] Grenier, Barette, & Ladouceur（2005）は，今現在は直面していないが将来生じるだろう不確実性に耐えられる特性を不確実性耐性，まさに今現在直面しているあいまいさに耐えられる特性をあいまいさ耐性として，両者を区別している。本研究においては，用語としては区別するが，その内容については特に区別せずに用いることとする。

加藤（2004）による状況的コーピング尺度のみに存在する問題点の影響を指摘したが，尺度そのものの問題の他に，「あいまいさへの非寛容は現実場面における対処行動を予測しない」という，研究5の結果との相対を示唆している可能性も否定できない。そこで，以上のことを踏まえて，あいまいさへの非寛容と精神的健康との間に本当に認知的評価やコーピングが媒介するかどうか，実験によって得られるような短期的な縦断データを用いた検討をおこなうことが必要である。

　さらに，パス解析をおこなった際，認知的評価はいずれの研究においても衝撃性からコントロール可能性への因果を仮定した。しかし，Lazarus & Folkman（1984/邦訳, 1991）ではこれらの変数に対応する一次的評価と二次的評価は必ずしもどちらかが時間的に先行するものではないことを示唆している。よって，一次的評価と二次的評価が並列的な場合，あるいは二次的評価が一次的評価に先行する場合も考慮に入れて検討していく必要がある。特に，第3章研究5では，女性において衝撃性からコントロール可能性を媒介するか否かで異なる影響が示されたが，コントロール可能性から衝撃性への因果を想定するとまた異なった結果が得られる可能性も考えられるので，重点的に検討すべき問題であると考えられる。

　なお，上述のような因果関係に関する問題を検討するためには，2時点で同じ質問紙を測定して因果関係を検討する交差遅れ効果モデル（Finkel, 1995）が有効であると考えられる。このモデルを用いることにより，本研究からさらに発展した新たな知見を見いだすことができよう。

3. 素因ストレスモデルについて

　第4章では，あいまいさへの非寛容を認知的脆弱性と捉え，素因ストレスモデルを用いて，精神的健康に与える影響を検討した。第1章第2節で述べたように，認知的脆弱性をあいまいさへの非寛容として素因ストレスモデルの検討をおこなった先行研究には，Andersen & Schwartz（1992）以外にみうけられない。このように，今まで研究成果が蓄積されてこなかった経緯を考慮すると，本研究ではあいまいさへの非寛容とネガティブイベントとの交互作用が，ライフイベントおよび結果変数の質にかかわらず精神的健康に悪影響を与える

ことが示唆されたことは、ひとつの成果であると言える。

しかし、本研究ではあいまいさへの非寛容とネガティブイベントとの交互作用のみが精神的健康に悪影響を及ぼすことが示され、予測されていたあいまいさへの非寛容とポジティブイベントとの交互作用が精神的健康に良い影響を与えるという結果は得られなかった。ポジティブイベントを測定したのは第4章研究8のみであり、研究7および研究9ではネガティブイベントしか測定しなかったので、本研究で得られた結果からではあいまいさへの非寛容とポジティブイベントとの交互作用に関する結論をだすことができない。あいまいさに非寛容な者が精神的不健康に陥るのを緩和する要因を検討することは、あいまいさに非寛容な者の健康を維持・増進させていくのに必要不可欠な課題であるので、今後あいまいさへの非寛容とポジティブイベントに関する研究も積み上げていく必要がある。

第2節　あいまいさへの非寛容研究の展望

1. あいまいさへの非寛容の形成因について

なぜ、あいまいさに耐えられる者と耐えられない者が出てくるのであろうか？　どのような原因によって、あいまいさに耐えられなくなるのであろうか？　ここでは、両親の養育態度という観点から、あいまいさへの非寛容の形成因についての展望をおこなう。

両親の養育態度が様々なパーソナリティの形成に影響を与えることが、多くの研究で示唆されている。そのなかで、あいまいさへの非寛容の形成に両親の養育態度が影響を与えることを、Frenkel-Brunswik（1949）は示唆している。このことを実証した研究には、幼児を対象としたHarrington, Block & Block（1978）がある。この研究では、父親の権威主義的に統制する養育態度が男児のあいまいさへの非寛容に影響を与え、母親の情緒的サポートや教条的な認知的構造を与える養育態度が女児のあいまいさへの非寛容に影響を与えることを報告している。これらのことから、両親のあいまいさを許容しない養育態度が、子どものあいまいさへの非寛容に影響を与えることが示唆される。しかし、この研究は幼児を対象にしているために、得られた結果は両親および観察者の評

定によるものであり，幼児本人の自己報告に基づいたものではない。幼児の場合，言語能力が発達途上のためにあいまいさへの非寛容尺度を用いることができないことから，あいまいさへの非寛容と養育態度との関連性の知見は，行動観察のみから得られた結論という制限がある。

一方，一般成人を対象にあいまいさへの非寛容尺度を用いて，両親の養育態度とあいまいさへの非寛容との関連性を検討した研究はほぼ皆無であるので，上述の Harrington et al.（1978）のような知見が支持されるかどうかは不明である。例えば，友野・橋本（2005e）では調査協力者自身が認知した両親の養育態度を測定し，対人場面におけるあいまいさへの非寛容との関連性について検討したが，関連性は示されなかった。そこで，調査協力者の両親が実際にどのような養育態度で調査協力者に接していたかを測定することにより，両親の養育態度とあいまいさへの非寛容との関連性を詳細に検討することが，今後の重要な検討課題として挙げられる。もし特定の養育態度があいまいさへの非寛容の形成につながる可能性が支持されたならば，両親の養育態度を変容させることにより，あいまいさへの非寛容を和らげることができるようになるかもしれない。

2. あいまいさへの非寛容への介入について

本研究では第3章研究4～6および第4章研究7～9において，あいまいさへの非寛容と精神的不健康との関連性が示唆された。また，前節で指摘したように，あいまいさへの非寛容と様々な精神障害との関連性が報告されている（Bentall & Swarbrick, 2003; Dugas et al., 2003; Tolin et al., 2003）。そこで，これらの結び付きを緩和する可能性のある要因として，社会的スキルトレーニングおよび認知行動療法によるあいまいさへの非寛容への介入についての展望をおこなう。

社会的スキルトレーニングは，「円滑で適応的な対人関係を促す能力」（大坊，2003）である社会的スキルを，様々なプログラムを用いて高めていこうとするものである。Takai & Ota（1994）は，日本人に特有な社会的スキルを測定することができる Japanese Interpersonal Competence Scale（JICS）を開発し，因子分析の結果からあいまいさ耐性を社会的スキルの一側面として捉えている。

このJICSを用いて，社会的スキルトレーニングによるあいまいさ耐性の変化を検討した研究（大坊, 2003; 大坊・栗林・中野, 2000）では，大学生を対象に社会的スキルトレーニングの実習をおこない，実習前と実習後にJICSを測定して，あいまいさ耐性が実習終了後に有意に上昇していることが示された。一方，後藤・大坊（2005）は短期的な社会的スキルトレーニングの実習をおこない，大坊他と同様，実習前と実習後にJICSを測定したが，あいまいさ耐性にまったく変化がみられなかったことから，プログラムの内容と高めたい社会的スキルの側面を合致させる必要性を指摘している。

　これらのことを踏まえると，適切なプログラムを作成することができれば，社会的スキルトレーニングはあいまいさ耐性を高める有効な手段になる可能性があると言えよう。今後本研究で作成されたIIAS-Rを用いて，どのような内容の社会的スキルトレーニングを実施すればあいまいさ耐性が高まるかどうかを検証する必要がある。JICSで測定される社会的スキルとしてのあいまいさ耐性に比べて，IIAS-Rで測定されるあいまいさへの非寛容はパーソナリティ特性として捉えられているために，より変化しにくく安定したものであることが想定される。よって，IIAS-Rで測定されるあいまいさへの非寛容が特定の社会的スキルトレーニングによって変化することを実証できれば，あいまいさに非寛容な者の精神的不健康を緩和する一助となろう。

　一方，認知療法はBeck, Rush, Shaw, & Emery（1979／邦訳, 1992）によって体系化されたものであり，様々な認知の歪みを修正して主にうつ病を改善させることを治療目標とした心理療法である。認知療法の基盤となっている認知理論では，抑うつ的な人には体系的な推論の誤り（systematic logical thinking errors）があるとされている。その中には絶対論的・二分法的思考（absolutistic dichotomous thinking）というものがあるが，これはあいまいさに非寛容な者の特徴である白か黒か式の解決（Frenkel-Brunswik, 1949, 1954）と共通するものであると考えられる。これらのことから，認知療法によって白か黒か式の解決を矯正させることにより，あいまいさへの非寛容と精神的不健康との結び付きを弱めることができるかもしれない。

　臨床場面においては，認知療法と行動療法を組み合わせた認知行動療法を用いて，全般性不安障害患者の不確実性への非寛容を低減させることを試みた

先行研究がある。Ladouceur, Dugas, Freeston, Léger, Gagnon, & Thibodeau (2000) は個人を対象とし，Dugas et al. (2003) は集団を対象として同一の認知行動療法プログラムをそれぞれ実施したところ，いずれの場合も実施前と実施後との比較において有意に不確実性への非寛容得点が減少した。また，前者は1年間のフォローアップ期間の後でもプログラム実施直後の不確実性への非寛容得点の水準を維持し，後者では2年間のフォローアップ期間の後でもプログラム実施直後から不確実性への非寛容得点がさらに有意に減少していた。また，これらの研究では不確実性への非寛容尺度として Buhr & Dugas (2002) による The Intolerance of Uncertainty Scale (IUS) を用いているが，この尺度で測定されるものは前述の JICS とは異なり，相対的に安定した特性であることが Dugas, Freeston, & Ladouceur (1997) によって示唆されているので，認知行動療法は臨床場面においてあいまいさへの非寛容の低減に如何に有効であるかがうかがえよう。

しかし，これらの知見が健常成人においても一般化できるかどうかは不明である。今後本研究で作成された IIAS-R を用いて，認知行動療法プログラムによりあいまいさへの非寛容が低減するかどうか，健常成人を対象とした検討をする必要がある。IIAS-R で測定されるあいまいさへの非寛容が認知行動療法プログラムによって減少することが実証されれば，そのことがあいまいさに非寛容な者の精神的健康の獲得に大きく貢献するであろう。

3. あいまいさへの非寛容概念のさらなる精緻化について

本章でこれまでに述べてきたことは，本研究で実証されたあいまいさへの非寛容と精神的不健康との結び付きを，いかに緩和するかということであった。そのことを今後検討していくためには，あいまいさへの非寛容概念のさらなる精緻化が必要不可欠である。そこで，本研究で直接扱わなかった，あいまいさへの非寛容概念の異なる側面について述べる。

まずは，自己の周囲にある外側のあいまいさと自己の中で生じる内側のあいまいさについて述べる。本研究では，IIAS-R を作成する際に自由記述調査によって調査協力者が考えているあいまいさを収集し，尺度項目とした。これらは，自己の外側の客観的なあいまい刺激と考えることができよう。しかし，客

観的にはあいまいではない刺激でも，あいまいさに非寛容な者は自己の内面であいまいなものと捉えるかもしれないし，刺激そのものはあいまいではないと思っていてもそのことについて考えこむことにより，新たなあいまいさを自己の内側で生じさせるかもしれない。本研究では，自己の内面で生じるあいまいさについては考慮しなかったので，今後自己の外側と内側のあいまいさを区別する試みが必要である。

次に，達成場面など他領域のあいまいさについて述べる。第1章第2節で述べたように，あいまいさは様々なストレス状況に包含されることが考えられる。本研究で作成されたIIAS-Rは対人領域のあいまいさについて検討されたものであるが，Beck（1983）において対人領域の他に想定されている達成領域に関しては検討されなかった。第4章第5節で指摘したように，完全な領域合致仮説を検討するためには，認知的脆弱性と対応するネガティブイベントとの交互作用のみが精神的不健康を予測し，認知的脆弱性と対応しないネガティブイベントとの交互作用は精神的不健康を予測しないことを示す必要がある。そのことを考慮すると，今後達成場面におけるあいまいさへの非寛容尺度を作成し，達成ネガティブイベントとの交互作用のみが精神的不健康を予測し，対人ネガティブイベントとの交互作用は精神的不健康を予測しないことを示す必要がある。それにより，認知的脆弱性としてのあいまいさへの非寛容と領域合致仮説に関する系統的な知見が蓄積できるであろう。

最後に，IIAS-Rに採用されなかった対人領域のあいまいさについて述べる。第2章第4節で指摘したように，IIAS-Rに採用されたカテゴリーは対人場面で生じるあいまいさのごく一部であり，収集された項目内容の大半が尺度化に反映されなかった。しかし，記述数が少なかったカテゴリーは，収集された項目を参考にして独自に新たな項目をより多く作成するなど，工夫次第では十分尺度化できる余地を残している。また，「親に異性とのことを聞かれて「さあね」などはっきりとした受け答えはせずにあいまいな返事をする」「先生に対する態度はいつもあいまいになってしまう」など，採用されなかった項目候補の一部には，あいまいさを対処方略として捉えているような記述もみられた。これらの記述は，あいまいさの効用として「希望を保つ」「機が熟す前に終結するのを予防する」などを挙げているLazarus & Folkman（1984/邦訳，1991）

の考え方と通ずるものがある。よって，あいまいさの効用という観点から尺度項目を作成することも，今後の重要な課題である。

　あいまいさへの非寛容と精神的健康に関する知見は，国内外を通じてまだ少ない。本研究で得られた知見もその一部に過ぎない。今後，著者を含む多くの研究者によって，さらなる研究成果の蓄積が望まれる。

引用文献

Adorno, T. W., Frenkel-Brunswik, E., Levinson, D. J., & Sanford, R. N. (1950). *The authoritarian personality.* New York: Harper & Row.

Andersen, S. M., & Schwartz, A. H. (1992). Intolerance of ambiguity and depression: A cognitive vulnerability factor linked to hopelessness. *Social Cognition, 10,* 271-298.

Barnett, P. A., & Gotlib, I. H. (1990). Cognitive vulnerability to depressive symptoms among men and women. *Cognitive Therapy and Research, 14,* 47-61.

Beck, A. T. (1983). Cognitive therapy of depression: New perspectives. In P. J. Clayton, & J. E. Barett (Eds.), *Treatment of depression: Old controversies and new approaches* (pp. 265-290). New York: Raven Press.

Beck, A. T., Rush, A. J., Shaw, B. F., & Emery, G. (1979). *Cognitive therapy of depression.* New York: Guilford Press. (ベック A. T., ラッシュ A. J., ショー B. F., エメリー G. 坂野雄二 (監訳) (1992). うつ病の認知療法 岩崎学術出版社)

Bello, R. (2000). Determinants of equivocation: The influence of situational formality, interaction phase, and ambiguity tolerance. *Communication Research, 27,* 161-193.

Bentall, R., & Swarbrick, R. (2003). The best laid schemas of paranoid patients: Autonomy, sociotropy and need for closure. *Psychology and psychotherapy: Theory, Research and Practice, 76,* 163-171.

Birtchnell, J. (1984). Dependence and its relationship to depression. *British Journal of Medical Psychology, 57,* 215-225.

Block, J. H., & Block, J. (1951). An investigation of the relationship between intolerance of ambiguity and ethnocentrism. *Journal of Personality, 19,* 303-319.

Boyce, P., Parker, G., Barnett, B., Cooney, M., & Smith, F. (1991). Personality as a vulnerability factor to depression. *British Journal of Psychiatry, 159,* 106-114.

Budner, S. (1962). Intolerance of ambiguity as a personality variable. *Journal of Personality, 30,* 29-50.

Buhr, K., & Dugas, M. J. (2002). The intolerance of uncertainty scale: Psychometric properties of the English version. *Behavior Research and Therapy, 40,* 931-946.

Cohen, J., & Cohen, P. (1983). *Applied multiple regression/correlation analysis for the behavioral sciences* (2nd ed). Hillsdale, NJ: Lawrence Erlbaum Associates.

Cooper, C., Sloan, J., & Williams, S. (1988). *Occupational stress indicator management guide.* Windsor, UK: NFER Nelson.

Coppen, A., & Metcalfe, M. (1965). Effect of a depressive illness on M. P. I. scores. *British*

Journal of Psychiatry, 111, 236-239.

大坊郁夫 (2003). 社会的スキル・トレーニングの方法序説—適応的な対人関係の構築— 対人社会心理学研究, *3*, 1-8.

大坊郁夫・栗林克匡・中野 星 (2000). 社会的スキル実習の試み 北海道心理学研究, *23*, 22.

DeForge, B. R., & Sobal, J. (1989). Intolerance of ambiguity in students entering medical school. *Social Science and Medicine, 28*, 869-874.

Dollinger, M. J., Saxton, T., & Golden, P. A. (1995). Intolerance of ambiguity and the decision to form an alliance. *Psychological Reports, 77*, 1197-1198.

Dugas, M. J., Freeston, M. H., & Ladouceur, R. (1997). Intolerance of uncertainty and problem orientation in worry. *Cognitive Therapy and Research, 21*, 593-606.

Dugas, M. J., Ladouceur, R., Léger, E., Freeston, M. H., Langolis, F., Provencher, M. D., & Boisvert, J. M. (2003). Group cognitive-behavioral therapy for generalized anxiety disorder: Treatment outcome and long-term follow-up. *Journal of Consulting and Clinical Psychology, 71*, 821-825.

Endler, N. S. (1983). Interactionism: A personality model, but not yet a theory. In M. M. Page (Ed.), *Nebraska symposium on motivation* 1982: *Personality - Current theory and research* (pp. 150-200). Lincoln, NB: University of Nebraska Press.

Endler, N. S., & Parker, J. D. A. (1990). *Coping Inventory for Stressful Situations (CISS): Manual*. Toronto, Canada: Multi-Health Systems.

衛藤順子 (1994). 強迫神経症におけるIntolerance of Ambiguity (曖昧さに対する非耐性) 東北福祉大学研究紀要, *19*, 155-163.

Finkel, S. E. (1995). *Causal analysis with panel data*. Thousand Oaks, CA: Sage.

Florian, V., Mikulincer, M., & Taubman, O. (1995). Does hardiness contribute to mental health during a stressful real life situation? The roles of appraisal and coping. *Journal of Personality and Social Psychology, 68*, 687-695.

Folkman, S., & Lazarus, R. S. (1980). An analysis of coping in a middle-aged community sample. *Journal of Health and Social Behavior, 21*, 219-239.

Folkman, S., & Lazarus, R. S. (1988). *Manual for the Ways of Coping Questionnaire*. Palo Alto, CA: Consulting Psychologists Press.

Frenkel-Brunswik, E. (1949). Intolerance of ambiguity as an emotional and perceptual personality variable. *Journal of Personality, 18*, 108-143.

Frenkel-Brunswik, E. (1954). Further explorations by a contributor to "The Authoritarian Personality." In R. Christie, & M. Jahoda (Eds.), *Studies in the scope and method of "The Authoritarian Personality"* (pp. 226-275). New York: Free Press.

福田一彦・小林重雄 (1973). 自己評価式抑うつ性尺度の研究 精神神経学雑誌, *75*, 673-

679.

後藤　学・大坊郁夫 (2005). 短期間における社会的スキル・トレーニングの実践的研究　対人社会心理学研究, 5, 93-99.

Grenier, S., Barette, A. M., & Ladouceur, R. (2005). Intolerance of uncertainty and intolerance of ambiguity: Similarities and differences. *Personality and Individual Differences, 39*, 593-600.

Harrington, D. M., Block, J. H., & Block, J. (1978). Intolerance of ambiguity in preschool children: Psychometric considerations, behavioral manifestations, and parental correlates. *Developmental Psychology, 14*, 242-256.

橋本　剛 (1997). 対人関係が精神的健康に及ぼす影響—対人ストレス生起過程因果モデルの観点から—　実験社会心理学研究, 37, 50-64.

久田　満・丹羽郁夫 (1990). 大学生の生活ストレッサー測定に関する研究　慶応義塾大学大学院社会学研究科紀要, 27, 45-55.

Holmes, T. H., & Rahe, R. H. (1967). The social readjustment rating scale. *Journal of Psychosomatic Research, 11*, 213-218.

Houran, J. (1998). Preliminary study of tolerance of ambiguity of individuals reporting paranormal experiences. *Psychological Reports, 82*, 183-187.

Houran, J., & Lange, R. (1996). Tolerance of ambiguity and fear of the paranormal. *Perceptual and Motor Skills, 83*, 365-366.

Houran, J., & Lange, R. (1997). Tolerance of ambiguity and fear of the paranormal in self-identified percipients of haunting/RSPK phenomena. *Journal of the Society for Psychical Research, 62*, 36-40.

Houran, J., & Williams, C. (1998). Relation of tolerance of ambiguity to global and specific paranormal experience. *Psychological Reports, 83*, 807-818.

Houtz, J. C., Denmark, R., Rosenfield, S., & Tetenbaum, T. J. (1980). Problem solving and personality characteristics related to differing levels of intelligence and ideational fluency. *Contemporary Educational Psychology, 5*, 118-123.

今川民雄 (1981). Ambiguity Tolerance Scale の構成 (1) —項目分析と信頼性について—　北海道教育大学紀要　第一部C　教育科学編, 32, 79-93.

伊藤由美・丹野義彦 (2003). 対人不安についての素因ストレスモデルの検証—公的自己意識は対人不安の発生にどう関与するのか—　パーソナリティ研究, 12, 32-33.

井沢功一朗 (1997). 抑うつ症状におけるパーソナリティスタイル—ストレス交互作用仮説とライフイベント対応一致仮説の検討　性格心理学研究, 6, 1-14.

Jaccard, J., & Wan, C. K. (1996). *Lisrel approaches to interaction effects in multiple regression*. Newbury Park, CA: Sage.

Johanson, J. C. (2000). Correlations of self-esteem and intolerance of ambiguity with risk aversion. *Psychological Reports, 87*, 534.

加藤　司（2000）.大学生用対人ストレスコーピング尺度の作成　教育心理学研究, 48, 225-234.

加藤　司（2001）.対人ストレス過程の検証　教育心理学研究, 49, 295-304.

加藤　司（2002）.短縮版対人ストレスコーピング尺度の作成　神戸女学院大学学生相談室紀要, 7, 17-22.

加藤　司（2004）.自己報告式によるコーピング測定の方法論的問題　心理学評論, 47, 225-240.

Kenny, D. T., & Ginsberg, R. (1958). The specificity of intolerance of ambiguity measures. *Journal of Abnormal and Social Psychology, 56*, 300-304.

Klein, D. N., & Depue, R. A. (1985). Obsessional personality traits and risk for bipolar affective disorder: An offspring study. *Journal of Abnormal Psychology, 94*, 291-297.

Kobasa, S. C. (1979). Stressful life events, personality and health: An inquiry into hardiness. *Journal of Personality and Social Psychology, 37*, 1-11.

小林哲郎（1980）.Ambiguity Tolerance 質問紙MAT-50 について―日本での信頼性・妥当性の検討―　日本心理学会第44回大会発表論文集, 501.

小西瑞穂・大川匡子・橋本　宰（2006）.自己愛人格傾向尺度（NPI-35）の作成の試み　パーソナリティ研究, 14, 214-226.

Ladouceur, R., Dugas. M. J., Freeston. M. H., Léger, E., Gagnon, F., & Thibodeau, N. (2000). Efficacy of a cognitive-behavioral treatment for generalized anxiety disorder: Evaluation in a controlled clinical trial. *Journal of Consulting and Clinical Psychology, 68*, 957-964.

Lange, R. (1999). The role of fear in delusions of the paranormal. *Journal of Nervous and Mental Disease, 187*, 159-166.

Lange, R., & Houran, J. (1999). Scaling MacDonald's AT-20 using item-response theory. *Personality and Individual Differences, 26*, 467-475.

Lazarus, R. S., & Folkman, S. (1984). *Stress, appraisal, and coping.* NewYork: Springer.（ラザルス R. S., フォルクマン S. 本明　寛・春木　豊・織田正美（監訳）（1991）.ストレスの心理学―認知的評価と対処の研究―　実務教育出版）

Leary, M. R. (1983). *Understanding social anxiety.* Beverly Hills, CA: Sage.（レアリー M. R. 生和秀和（監訳）（1990）.対人不安　北大路書房）

Litman, J. A. (2010). Relationships between measures of I- and D- type curiosity, ambiguity tolerance, and need for closure: An initial test of the wanting-liking model of information-seeking. *Personality and Individual Differences, 48*, 397-402.

MacDonald, A. P. (1970). Revised scale for ambiguity tolerance: Reliability and validity. *Psychological Reports, 26*, 791-798.

Majid, A., & Pragasam, J. (1997). Interactions of intolerance of ambiguity and of contingent liability on auditors' avoidance of litigation. *Psychological Reports, 81*,

935-944.
Martin, B. (1954). Intolerance of ambiguity in interpersonal and perceptual behavior. *Journal of Personality, 22*, 499-503.
増田真也 (1998). 曖昧さに対する耐性が心理的ストレスの評価過程に及ぼす影響　茨城大学教育学部紀要（人文・社会科学・芸術）, *47*, 151-163.
McLain, D. L. (1993). The MSTAT-I: A new measure of an individual's tolerance for ambiguity. *Educational and Psychological Measurement, 53*, 183-189.
McLain, D. L. (2009). Evidence of the properties of an ambiguity tolerance measure: The multiple stimulus types ambiguity tolerance scale-Ⅱ. *Psychological Reports, 105*, 975-988.
McPherson, K. (1983). Opinion-related information seeking: Personal and situational variables. *Personality and Social Psychology Bulletin, 9*, 116-124.
Metalsky, G. I., Halberstadt, L. J., & Abramson, L. Y. (1987). Vulnerability to depressive mood reactions: Toward a more powerful test of the diathesis-stress and causal mediation components of the reformulated theory of depression. *Journal of Personality and Social Psychology, 52*, 386-393.
Millon, T. (1957). Authoritarianism, intolerance of ambiguity, and rigidity under ego and task-involving conditions. *Journal of Abnormal and Social Psychology, 55*, 29-33.
毛利伊吹・丹野義彦 (2001). 状況別対人不安尺度の作成及び信頼性・妥当性の検討　健康心理学研究, *14*, 23-31.
Moore, S., Ward, M., & Katz, B. (1998). Machiavellianism and tolerance of ambiguity. *Psychological Reports, 82*, 415-418.
森本幸子・丹野義彦 (2004). 大学生における被害妄想的観念に関する研究―素因ストレスモデルを用いて―　心理学研究, *75*, 118-124.
中村知靖 (1992). あいまいさに対する耐性尺度を吟味する―グループ主軸法―　渡部　洋（編）　心理・教育のための多変量解析法入門事例編（pp. 47-70）　福村出版
Neuberg, S., & Newsom, J. T. (1993). Personal need for structure: Individual differences in the desire for simple structure. *Journal of Personality and Social Psychology, 65*, 113-131.
日本健康心理学研究所 (1996). ストレスコーピングインベントリー　自我態度スケールマニュアル―実施法と評価法―　実務教育出版
新名理恵・矢富直美・坂田成輝 (1988). ストレス・モデルの研究（Ⅰ）日本心理学会第52回大会発表論文集, 814.
西川隆蔵 (1999). パーソナリティの開放性‐閉鎖性の研究　風間書房
西山俊彦 (1972). カリフォルニア権威主義尺度の次元性の研究　心理学評論, *15*, 351-364.
Norton, R. W. (1975). Measurement of ambiguity tolerance. *Journal of Personality Assessment, 39*, 607-619.

岡安孝弘 (1992). 大学生のストレスに影響を及ぼす性格特性とストレス状況との相互作用　健康心理学研究, 5, 12-23.
尾関友佳子 (2004). 大学生用ストレス自己評価尺度　パブリックヘルスリサーチセンター　ストレススケールガイドブック (pp. 162-168)　実務教育出版
尾関友佳子・原口雅浩・津田　彰 (1994). 大学生の心理的ストレス過程の共分散構造分析　健康心理学研究, 7, 20-36.
Parkes, K. R. (1984). Locus of control, cognitive appraisal, and coping in stressful episodes. *Journal of Personality and Social Psychology, 46*, 655-668.
Rajagopal, L., & Hamouz, F. L. (2009). Use of food attitudes and behaviors in determination of the personality characteristic of openness: A pilot study. *International Journal of Intercultural Relations, 33*, 254-258.
Rogers, C. R. (1954). Toward a theory of creativity. *A review of general semantics, 11*, 249-260. Reprinted in H. H. Anderson (Ed.) (1959). *Creativity and its cultivation* (pp. 69-82). New York: Harper & Raw.
Rokeach, M. (1960). *The open and closed mind*. New York: Basic Books.
Rosenstiel, A. K., & Keefe, F. J. (1983). The use of coping strategies in chronic low back pain patients: Relationship to patient characteristics and current adjustment. *Pain, 17*, 33-44.
Rotter, J. B. (1966). Generalized expectancies for internal versus external control of reinforcement. *Psychological Monograph, 80*, 1-28.
Rydell, S. T., & Rosen, E. (1966). Measurement and some correlates of need-cognition. *Psychological Reports, 19*, 139-165.
坂田成輝 (1989). 心理的ストレスに関する一研究　早稲田大学教育学部学術研究, 38, 61-72.
佐々木　恵・山崎勝之 (2002). コーピング尺度 (GCQ) 特性版の作成および信頼性・妥当性の検討　日本公衆衛生雑誌, 49, 399-408.
佐々木　恵・山崎勝之 (2004). 敵意と健康状態の因果関係における状況的コーピングの媒介機能　健康心理学研究, 17, 1-9.
下仲順子・中里克治・権藤恭之・高山　緑 (1999). NEO-PI-R NEO-FFI 共通マニュアル（成人・大学生用）　東京心理株式会社
園田明人・藤南佳代 (1999). 絶望感理論の因果分析―ストレス反応に及ぼす素因と近接要因の効果―　健康心理学研究, 12, 1-16.
Swami, V., Stieger, S., Pietschnig, J., & Voracek, M. (2010). The disinterested play of thought: Individual differences and preference for surrealist motion pictures. *Personality and Individual Differences, 48*, 855-859.
高比良美詠子 (1998a). 対人・達成領域別ライフイベント尺度（大学生用）の作成と妥当性の検討　社会心理学研究, 14, 12-24.

高比良美詠子 (1998b). 拡張版ホープレスネス尺度（日本語版）の信頼性および妥当性の検討　性格心理学研究, 7, 1-10.

高比良美詠子 (2000). 抑うつのホープレスネス理論における領域一致仮説の検討　心理学研究, 71, 197-204.

Takai, J., & Ota, H. (1994). Assessing Japanese interpersonal communication competence. *Japanese Journal of Experimental Social Psychology, 33*, 224-236.

田中健吾 (2005). 対人関係の問題に対処する　和田　実（編著）　男と女の対人心理学 (pp. 159-177)　北大路書房

丹野義彦 (2001). エビデンス臨床心理学―認知行動理論の最前線―　日本評論社

Taylor, S. E. (1991). The asymmetrical impact of positive and negative events: The mobilization-minimization hypothesis. *Psychological Bulletin, 110*, 67-85.

Taylor, S. E., & Brown, J. D. (1988). Illusion and well-being: A social psychological perspective on mental health. *Psychological Bulletin, 103*, 193-210.

Teasdale, J. D. (1985). Psychological treatment for depression: How do they work? *Behavior Research and Therapy, 23*, 157-165.

Tegano, D. W. (1990). Relationship of tolerance of ambiguity and playfulness to creativity. *Psychological Reports, 66*, 1047-1056.

Tolin, D. F., Abramowitz, J. S., Brigidi, B. D., & Foa, E. B. (2003). Intolerance of uncertainty in obsessive-compulsive disorder. *Journal of Anxiety Disorders, 17*, 233-242.

友野隆成・橋本　宰 (2001). 対人場面におけるあいまいさへの非寛容尺度作成の試み　同志社心理, 48, 1-10.

友野隆成・橋本　宰 (2002). あいまいさへの非寛容がストレス事象の認知的評価及びコーピングに与える影響　性格心理学研究, 11, 24-34.

友野隆成・橋本　宰 (2003). MAT-50 日本語版の因子構造について　同志社心理, 50, 32-36.

友野隆成・橋本　宰 (2004a). 対人場面におけるあいまいさへの非寛容が対人ストレス過程に与える影響―特性的コーピングによる検討―　日本心理学会第68回大会発表論文集, 965.

友野隆成・橋本 宰 (2004b). 対人場面におけるあいまいさへの非寛容とストレス過程の関連性―状況的コーピングによる検討―　日本教育心理学会第46回総会発表論文集, 159.

友野隆成・橋本 宰 (2005a). 改訂版対人場面におけるあいまいさへの非寛容尺度作成の試み　パーソナリティ研究, 13, 220-230.

友野隆成・橋本 宰 (2005b). 対人場面におけるあいまいさへの非寛容を認知的脆弱性とした領域合致仮説の検討　日本心理学会第69回大会発表論文集, 1034.

友野隆成・橋本 宰 (2005c). 対人場面におけるあいまいさへの非寛容が新入学生の適応過

程に及ぼす影響　パーソナリティ研究, 14, 132-134.
友野隆成・橋本 宰（2005d）. 抑うつの素質—ストレス・モデルにおける性差の検討：対人場面におけるあいまいさへの非寛容を認知的脆弱性として　健康心理学研究, 18, 16-24.
友野隆成・橋本 宰（2005e）. 認知された両親の養育態度が対人場面におけるあいまいさへの非寛容に与える影響　同志社心理, 52, 1-5.
友野隆成・橋本 宰（2006）. 対人場面におけるあいまいさへの非寛容と精神的健康の関連性について　心理学研究, 77, 253-260.
友野隆成・小西瑞穂・橋本 宰（2004）. 対人場面におけるあいまいさへの非寛容が精神的健康に与える影響　同志社心理, 51, 1-9.
外山美樹・桜井茂男（1999）. 大学生における日常的出来事と健康状態の関係—ポジティブな日常的出来事の影響を中心に—　教育心理学研究, 47, 374-382.
豊田秀樹（1998）. 共分散構造分析〈入門編〉—構造方程式モデリング—　朝倉書店
辻　平治郎（1998）. 5因子性格検査の理論と実際—こころをはかる5つのものさし—　北大路書房
植田　智・吉森　護・有倉巳幸（1992）. ハッピネスに関する心理学的研究(2)—ハッピネス尺度作成の試み—　広島大学教育学部紀要, 41, 35-40.
Wolfradt, U., & Rademacher, J. (1999). Interpersonale Ambiguitäts-intoleranz als klinisches Differentialkriterium: Skalen-entwicklung und Validierung. *Zeitschrift für Differentielle und Diagnostische Psychologie, 20,* 72-79.
吉川　茂（1980）. External Control およびExtrapunitiveness としてのExternalization と Ambiguity Tolerance　臨床教育心理学研究, 6, 26-31.
吉川　茂（1986）. 曖昧さへのトレランス—イントレランスの基本的相違点に関する研究—　関西学院大学人文論究, 35, 94-121.
吉森　護（1994）. ハッピネスに関する心理学的研究（4）—ハッピネスと社会的関係の関連—　広島大学教育学部紀要, 43, 115-123.
善明宣夫（1989）. 独断主義的認知スタイルに関する研究—その概念と独断主義尺度の構成, 及び信頼性の検討—　教育学科研究年報, 15, 1-9.
Zung, W. W. K. (1965). A Self-Rating Depression Scale. *Archives of General Psychiatry, 12,* 63-70.

索　引

事項索引

A to Z
Cronbach の α 係数　20, 32, 78, 87
F スケール　21–22, 25–26
GP 分析　18, 32
KJ 法　27, 31

あ
あいまいさ　i–iii, 1–, 11–, 39–, 67–, 97–
　——耐性　i, 21, 98, 101–102
あいまいさへの非寛容　i–iii, 1–6, 8–9, 11–12, 18, 20–21, 26, 36–37, 39, 42–44, 48–49, 51–52, 58–60, 62, 66–68, 70, 97, 100, 103
　——尺度　iii, 3, 8, 11, 101
　——と性差　49, 52, 62, 66–67, 71–73, 93–94
　——と精神的健康　4, 39, 59, 98–99, 101, 104–105
　——と精神的不健康　101–103
　——とストレスコーピング　39, 43
　——と特性の認知的評価　5–6, 39, 43, 54, 69, 98
　——と特性的対人ストレスコーピング　52
　——と認知行動療法　103
　——と認知的脆弱性　8–9, 67, 77, 84, 93, 99, 104
　——の非寛容の形成　9, 100–101
　——と抑うつ　8
あいまいな状況　5–6, 21, 26, 31
赤池情報量基準　16, 29
安定性　26, 36
依存性　7

一般的な知り合い関係におけるあいまいさへの非寛容　20, 25–26
イベント特定コーピング　41, 65
　——尺度　39–40
因子構造　4, 8, 11–12, 16, 23, 44, 46
因子的妥当性　20–21, 23, 25,
因子負荷量　23, 25, 29, 44
因子分析　11
　確認的——　13, 16–17, 20, 23, 29, 32, 36
　探索的——　13–15, 17–18, 20, 36, 44

か
解決先送りコーピング　40, 53–54, 61, 63–64
外向性（⇒ NEO-FFI）　21–22, 25
階層的重回帰分析　7, 72–73, 79–80
　——とストレス・バッファ　89, 91–92
　——とストレス反応の変化　80
　——と認知・行動的反応の変化　89–90
　——とハピネスの変化　82
改訂版対人場面におけるあいまいさへの非寛容尺度　13
開放性（⇒ NEO-FFI）　21–22, 25–26
確認的因子分析　13, 16–17, 20, 23, 29, 32, 36
ガットマン基準　14–16
基準関連妥当性　14
帰属スタイル　68
強迫性　7, 51
強迫性障害　98
グループ主軸法　11

権威主義　22
　——パーソナリティ　2
交互作用
　あいまいさへの非寛容と対人ストレスイベント　69
　あいまいさへの非寛容と対人ネガティブイベント　81–82
　あいまいさへの非寛容とネガティブイベント　99
　親しい関係におけるあいまいさへの非寛容　73
　ストレッサーとストレス・バッファ　92
　ストレッサーと認知・行動反応　91
　精神的健康　100
　対人ストレスイベントの認知的評価と抑うつ　76–77
　対人ネガティブイベントの経験頻度とハピネス　82–83
　対人ネガティブイベントの嫌悪 – 良好度とストレス反応　84
　対人場面におけるあいまいさへの非寛容と対人ポジティブイベント　77–78
　認知的脆弱性とネガティブライフイベント　67
　ネガティブライフイベントおよびソーシャルサポート　68
　非機能的態度とソーシャルサポートの交互作用　68
交差遅れ効果モデル　99
構成概念　4, 26
　——妥当性　14, 20–21, 25–26, 33–35, 37
構造への好み　21
行動療法　102
コーピング　5–6, 8, 39–44, 46, 49, 51–52, 58–59, 63–66
　状況的——　41, 66
　状況的対人ストレス——　42, 61–62, 66
　消極的・問題回避型——　42
　積極的・問題解決型——　42
　特性的——　41, 66
　特性的対人ストレス——　9, 42, 54, 56
　特性的ネガティブ関係——　66
　特性的ポジティブ関係——　66
　ネガティブ——　54, 56, 61
　包括的——　41, 65
　ポジティブ——　54, 61
コントロール可能性（⇒認知的評価尺度）　46, 48–50, 53–57, 61, 63–64

さ
再検査信頼性　14, 20, 26, 35–37
　——の安定性　36
最尤推定法　23
自我強度　51
自己評価式抑うつ尺度　70
親しい関係におけるあいまいさへの非寛容　18, 20, 25–26, 75
　——と対人ストレスイベントの認知的評価の相関　72
　——と認知的評価の相関　72
　——と抑うつの相関　72
自動運動　2
社会的スキルトレーニング　101–102
社会的評価状況（⇒認知的評価）　5–6, 39, 44, 46, 49, 51–52
尺度構成　1, 12, 31
自由記述　13, 27, 29, 31, 37, 97, 105
修正適合度指数　16, 29
主効果　73
　親しい関係におけるあいまいさへの非寛容　73
　対人ストレスイベントの認知的評価　73
状況的コーピング　41, 66
　——尺度　41, 65
状況的対人ストレスコーピング　42,

61–62, 66
状況的認知的評価　61–62
状況的対人不安尺度　35
消極的・問題回避型コーピング　42
消極的対処（⇒認知的評価尺度）　46, 48–51
衝撃性（⇒認知的評価尺度）　46, 48–51, 53–57, 61, 63–64
情緒不安定性　21
衝動性　51
初対面の関係におけるあいまいさへの非寛容　29, 32, 35, 37, 56, 62
自律性　52, 65
神経症傾向（⇒NEO-FFI）　7, 21–22, 25
身体的脅威状況（⇒認知的評価）　5–6, 39, 44, 46, 49, 51
信頼性　4, 11, 13, 17, 20, 27, 36–37, 41
心理的ストレスモデル　5, 7–8, 39, 43, 46, 65
スキーマ　68
スクリー基準　15–16
ストレスイベント　68
ストレスコーピング　43
　　——インベントリー　39
ストレス状況　5, 44
　社会的評価状況　44, 46–52
　身体的脅威状況　44, 46–52
　対人関係状況　44, 46–52
ストレス反応　9, 42, 53–59, 61–63, 66, 69, 77–79, 81–89, 92–94
　　——尺度　53
　　——得点の変化量　81–83
　対人場面におけるあいまいさへの非寛容と対人ネガティブイベント　94
　抑うつ　53
ストレッサー　4–5, 58, 86–93
　　——尺度　87, 95
性差　23, 32, 42–43, 52, 60, 66–69, 71, 78, 87
　コーピング　42, 50, 55–59

素因ストレスモデル　68, 70–72, 75–76, 83–84, 92–93
誠実性（⇒NEO-FFI）　21–22, 25
精神的健康　i–iii, 1, 3–4, 6–9, 37, 39–42, 52, 54–67, 69
　ストレス反応とハピネス　ii, 9, 42, 54, 61, 67
　抑うつ　42, 68–69
精神的不健康　ii–iii, 8, 58, 62–65, 94–95, 100–104
　——と認知的脆弱性　94
　——の緩和　102
　——の予測　95, 104
　対人ネガティブイベントと——　95, 104
　達成ネガティブイベントと——　95, 104
　認知的脆弱性とネガティブイベントとの交互作用　104
積極的対処（⇒認知的評価尺度）　46, 48–51, 66
積極的・問題解決型——　42
絶対論的・二分法的思考　102
絶望感　8
説明スタイル　7
センタリング　72
全般性不安障害　98, 103
素因ストレスモデル　6–9, 67–70, 72–73, 76–77, 79, 83–84, 86, 89, 92–94, 99
　——と性差　68, 70–72, 75–76, 83–84, 92–93
　——とハピネス　79, 89
　——抑うつ　72
相関　21–22, 25–26, 29, 31, 33, 35, 48–49, 51, 69, 72
相関係数　11, 25, 34–36, 48, 51, 71–72
ソーシャルサポート　68

た
体系的な推論の誤り　102

対人・達成領域別ライフイベント尺度(大学生用) 77
対人関係状況(⇒認知的評価) 5-6, 39, 44-48, 50-51
対人関係ストレス状況 53, 58-60, 65
対人志向性 66, 68, 76
対人ストレスイベント 40, 68, 70-76, 80, 94
　──尺度 70-71, 94
　──の認知的評価 71-74, 94
対人ストレスコーピング 39, 41, 53, 60, 62
　──尺度 40-41, 53, 60-61
対人ストレス状況 60, 62, 66
対人ストレスモデル 39-40, 52, 56, 58, 60, 65-66
対人的ストレッサー ii, 9, 77
対人ネガティブイベント 94-95, 106
対人場面におけるあいまいさへの非寛容 ii, 12-13, 15, 19-20, 22-25, 27, 29-30, 33, 36, 39, 42, 52-56, 60-63, 66-70, 72-73, 75-77, 83-85, 92-95, 101
　──と対人ストレスイベント 69, 94
　──と認知的脆弱性 67, 76-77, 84, 93-94
対人場面のあいまいさ耐性尺度 12
対人不安 7, 33-35
　──尺度 33-35
対人ライフイベント尺度 78, 85, 94
多重共線性 72
達成ネガティブイベント 95, 104
妥当性 4, 8, 11, 13, 17, 20, 27, 36-37
探索的因子分析 13-15, 17-18, 20, 36, 44, 46
短縮版対人ストレスコーピング尺度 53, 60
中間状況的関係 31
調和性(⇒NEO-FFI) 22, 25
統制性 21
統制の所在 5

特性的コーピング 41, 66
特性的対人ストレスコーピング 9, 42, 54, 56
特性的認知的評価 8, 43, 54, 56, 66
特性的ネガティブ関係コーピング 66
特性的コーピング尺度 41
独断主義 34
　──尺度 33-35

な

内的整合性 3, 20, 27, 32-33, 37, 41
内容的妥当性 14, 29
なぜ出来事が起こったのかについての推論 7
日常的な仕事状況 5
認知行動療法 101-103
認知的脆弱性 7-9, 67-69, 84, 86, 94
　あいまいさへの非寛容 ii, 8, 67, 76-77, 84, 86, 93-94, 99
　ストレッサー 93
　性差 76-77, 84, 93
　ネガティブライフイベント 67-69, 104
　ポジティブライフイベント 69
　抑うつ 7, 67-68, 70
認知的単純性 21
認知的評価 5-6, 39, 43-44, 49-53, 55-63, 65-66, 69, 71-74, 80, 98-99
　──尺度 44-45, 61
　性差 50-51, 55, 57-59, 63-64, 71, 73-74, 76
認知療法 102
ネガティブイベント 77-78, 85, 99-100, 104
ネガティブ関係コーピング 40, 53, 58
ネガティブコーピング 54, 56-57, 61, 63-64
ネガティブライフイベント 67-70, 75, 83

は

パーソナリティ　1, 3, 5, 7, 39, 100, 102
　——心理学　iii
ハーディネス　5
媒介因　ii, 9, 43, 54, 52, 60, 98
媒介変数　5, 7
パス解析　49, 51, 54, 61–62, 99
ハッピネス尺度　53
ハピネス　ii, 9, 42, 53–64, 66–67, 77–80, 82–87, 92, 94
　——と素因ストレスモデル　77, 79, 84, 86, 89
　　対人場面におけるあいまいさへの非寛容と対人ネガティブイベント　95
半見知り関係におけるあいまいさへの非寛容　29–30, 32, 35, 37, 54–57, 62–64, 79–80, 82, 86, 88–89, 91
被害妄想的観念　7
比較適合度指標　23
非機能的態度　68
ビッグファイブ　22
標準化偏回帰係数　54
不安　42, 53, 71
不確実性　59, 75–77, 84, 92, 98, 103
　——とあいまいさへの非寛容　75
　——と抑うつ　75–76
　——への非寛容　98, 103
　——への非寛容尺度　103
平均二乗誤差平方根　23
包括的コーピング　39, 41, 65
　——尺度　39–40
ポジティブ・イリュージョン　59
ポジティブイベントの効果　iii, 84

ポジティブ関係コーピング　40, 53, 59, 66
ポジティブコーピング　54–57, 61, 63–64
ポジティブライフイベント　67, 69
　認知的脆弱性　69

ま・や・ら

未知の関係におけるあいまいさへの非寛容　19–20, 23–26, 71–73
　——と対人ストレスイベントの認知的評価の相関　72
　——と抑うつの相関　72
妄想性障害　98
問題解決型対処　52
友人関係におけるあいまいさへの非寛容　29–30, 32, 34–35, 54–56, 62–64, 79–81, 88–90
養育態度　iii, 100–101
抑うつ　7–9, 42, 67, 70–77, 83, 92, 94
　——処理活性仮説　67–78,
　——とストレスイベント　78, 95
　素因ストレスモデル　72
　対人場面におけるあいまいさへの非寛容と対人ストレスイベント　94
　認知的脆弱性とネガティブライフイベントとの交互作用　67
　ネガティブライフイベントおよびソーシャルサポート　68
　得点の変化量　73–76
ライフイベント　6–8, 67–70, 75, 77, 94, 99
領域合致仮説　67–68, 85–86, 94–95, 104

事項索引 (欧文)

A
absolutistic dichotomous thinking　102
Adjusted Goodness of Fit Index　16
AGFI　16, 23, 29
AIC　16, 29
Ambiguity tolerrance　i
Akaike's Information Criterion　16
autonomy　52

C
CFI　23
cognitive appraisal　5
cognitive vulnerability　7
Comparative Fit Index　23
congruency hypothesis　67
coping　5
Coping Style Questionnaire　39
Cronbach's α　20, 32, 78, 87

D
diathesis-stress model　7
differential activation hypothesis　68
dysfunctional attitude　68

F
F scale　21-22, 25-26
Figure preference test　2

G
GFI　16-17, 23, 29
Goodness of Fit Index　16
GP　18, 32

H
hardiness　5
HS　53, 61, 78, 87

I
IIAS　13, 17, 20-23, 25-29, 31, 36-37, 70-72, 94, 97
IIAS-R　ii, 13, 27, 29, 31, 33-37, 53-54, 60-61, 77-78, 86-87, 94, 97-98, 102-104
Interpersonal Intolerance of Ambiguity Scale　13
Intolerance of ambiguity　i, 2
Intolerance of Uncertainty　98
IUS　103

J
Japanese Interpersonal Competence Scale　101
JICS　101-103

K
KJ　27, 31

L
locus of control　5

M
MAT-50　3-4, 11-18, 21-22, 25-26, 29, 35-36, 43-44, 97
MSTAT- I　3, 18
MSTAT- II　3

N
Narcissistic Personality Inventory-35　87
NEO-FFI　21-22, 25
NEO-PI-R　22

O
Occupational Stress Indicator　40

P
Personal Need for Structure scale 21
PNS 21–22, 25

R
response style 7
Revised Interpersonal Intolerance of Ambiguity Scale 13
RMSEA 23
Root Mean Square Error of Approximation 23
Rydel-Rosen Scale 3–4

S
schema 68
SDS 72–73
Self-rating Depression Scale 72
SIA 12, 17
Skala zur Erfassung Interpersonaler Ambiguitätstoleranz 12
sociotropy 66, 70
SRS 53, 68, 78, 87
systematic logical thinking errors 102

T
The 20-item ambiguity tolerance test 3–4
The Intolerance of Uncetainty Scale 103
The Measure of Ambiguity Tolerance 3
The Multiple Stimulus Types Ambiguity Tolerance 3
The scale of tolerance-intolerance of ambiguity 3–4

W
Ways of Coping Questionnaire 39

人名索引

A
Abramowitz, J. S.　98, 101
Abramson, L. Y.　7
Adorno, T. W.　21
Anderson, T. W.　4, 8, 11, 59, 76–77, 84, 92, 99

B
Barette, A. M.　98
Barnett, B.　7
Barnett, P. A.　68
Beck, A. T.　52, 65–67, 76, 86, 102, 104
Bello, R.　4
Bentall, R.　98, 101
Birrtchnell, J.　7
Block, J.　2, 100–101
Block, J. H.　2, 100–101
Boisvert, J. M.　98
Boyce, P.　8
Brigidi, B. D.　98, 101
Brown, J. D.　59
Budner, S.　2–5, 12, 26
Buhr, K.　103

C
Cohen, J.　7, 72–73, 81, 90
Cohen, P.　7, 72–73, 81, 90
Coony, M.　7
Coopen, A.　7
Cooper, C.　40

D
DeForge, B. R.　4
Denmark, R.　4
Depue, R. A.　7
Dollinger, M. J.　4

Dugas, M. J.　98, 101, 103
大坊郁夫　101–102

E
Emery, G.　102
Endler, N. S.　5–6, 39
衛藤順子　51

F
Finkel, S. E.　99
Florian, V.　5
Foa, E. B.　98, 101
Folkman, S.　1, 5, 39, 43, 46, 52, 65, 99, 105
Freeston, M. H.　100, 105
Frenkel-Brunswik, E.　i, 2, 5, 8, 18, 21, 33, 58, 76, 93, 100, 102, 118
福田一彦　70

G
Gagnon, F.　103
Ginsberg, R.　2
Golden, P. A.　4
Gotlib, I. H.　68
Greiner, S.　98
権藤恭之　22, 26
後藤　学　102

H
Halberstadt, L. J.　7
Hamouz, F. L.　4
Harrington, D. M.　100–101
Holmes, T. H.　85
Houran, J.　4
Houtz, J. C.　4
橋本　宰　58, 65, 87, 95, 101

原口雅治　53, 78, 87
橋本　剛　70, 84
久田　満　78

I

今川民雄　3, 11, 14
伊藤由美　7
井沢功一朗　68

J

Jaccard, J.　23
Johanson, J. C.　4

K

Katz, B.　4
Keefe, F. J.　39
Kenny, D. T.　2
Klein, D. N.　7
Kobasa, S. C.　5
加藤　司　39–41, 52–53, 58, 60, 65, 69, 99
小林重雄　70
小林哲郎　14
小西瑞穂　87
栗林克匡　102

L

Ladouceur, R.　98, 101, 103
Lange, R.　4
Langolis, F.　98, 101, 103
Lazarus, R. S.　1, 5, 39, 43, 46, 52, 65, 99, 105
Leary, M. R.　33
Léger, E.　98, 101, 103
Levinson, D. J.　21
Litman, J. A.　4

M

MacDonald, A. P.　4
Majid, A.　4
Martin, B.　2

McLain, D. L.　3, 18
McPherson, K.　4
Metalsky, G. I.　7
Metcalfe, M.　7
Mikulincer, M.　5
Millon, T.　2
Moore, S.　4
増田真也　1, 5, 11, 98
森本幸子　7
毛利伊吹　34–35

N

Neuberg, S.　21–22
Newsom, J. T.　21–22
Norton, R. W.　3–4, 11, 14, 17–18, 26, 29
中村知靖　11
中野　星　102
中里克治　22, 26
日本健康心理学研究所　39
新名理恵　43–46
西川隆蔵　31
西山俊彦　22
丹羽郁夫　78

O

Ota, H.　101
大川匡子　87
岡安孝弘　43–44, 46, 53, 60
尾関友佳子　53, 61, 78, 87, 95

P

Parker, G.　7, 8
Parker, J. D. A.　39
Parkes, K. R.　5
Pietschnig, J.　4
Pragasam, J.　4
Provencher, M. D.　101, 103

R

Rademacher, J.　12, 17

Rahe, R. H. 85
Rajagopal, L. 4
Rogers, C. R. 21
Rokeach, M. 33-35
Rosen, E. 3, 4
Rosenfield, S. 4
Rosenstiel, A. K. 39
Rotter, J. B. 5
Rush, A. J. 102
Rydell, S. T. 3, 4

S
Sanford, R. N. 21
Saxton, T. 4
Schwartz, A. H. 4, 8, 11, 59, 76, 77, 84, 93, 99
Shaw, B. F. 102
Sloan, J. 40
Smith, F. 7
Sobal, J. 4
Stieger, S. 4
Swami, V. 4
Swarbrick, R. 98, 101
坂田成輝 43, 46
桜井茂男 85
佐々木 恵 32, 41
下仲順子 22, 26
園田明人 7

T
Takai, J. 101
Taubman, O. 5
Taylor, S. E. 59, 85
Teasdale, J. D. 67, 92
Tegano, D. W. 4
Tetenbaum, T. J. 4
Thibodeau, N. 103
Tolin, D. F. 98, 101
高比良美詠子 20, 68, 71, 76, 77, 85, 95
高山 緑 22, 26
田中健吾 42
丹野義彦 7, 34, 35
友野隆成 58, 65, 95, 101
藤南佳代 7
外山美樹 85
豊田秀樹 17, 23
津田 彰 53, 78, 87
辻 平治郎 21

U. V
植田 智 53, 61, 78, 87
Voracek, M. 4

W
Wan, C. K. 23
Ward, M. 4
Williams, C. 4, 40
Wolfradt, U. 12, 17

Y
山崎勝之 32, 41
矢富直美 43, 46
吉川 茂 4, 5, 11, 21, 51, 68
吉森 護 42, 53, 61, 78, 87
有倉巳幸 53, 61, 78, 87

Z
Zung, W. W. K. 70
善明宣夫 34

あとがき

　本書は，独立行政法人日本学術振興会平成 28 年度科学研究費補助金（研究成果公開促進費）（課題番号 16HP5189）の助成を受け，著者が 2005 年度に同志社大学文学研究科に提出した博士論文「対人場面におけるあいまいさへの非寛容と精神的健康との関連性についての研究」に基づいて執筆された学術図書である。本書に掲載された実証研究と，既に刊行された学術雑誌および学会抄録との対応関係は，以下のとおりである。なお，博士論文執筆時と本書執筆時の両方で，それぞれ加筆・修正を行っている。

第 2 章
第 2 節　MAT-50 の因子構造（研究 1）：友野隆成・橋本 宰（2003）．MAT-50 日本語版の因子構造について　同志社心理, *50*, 32-36.
第 3 節　IIAS の作成（研究 2）：友野隆成・橋本 宰（2001）．対人場面におけるあいまいさへの非寛容尺度作成の試み　同志社心理, *48*, 1-10.
第 4 節　IIAS-R の作成（研究 3）：友野隆成・橋本 宰（2005a）．改訂版対人場面におけるあいまいさへの非寛容尺度作成の試み　パーソナリティ研究, *13*, 220-230.

第 3 章
第 2 節　あいまいさへの非寛容と特性的認知的評価・ストレスコーピングとの関連性（研究 4）：友野隆成・橋本 宰（2002）．あいまいさへの非寛容がストレス事象の認知的評価及びコーピングに与える影響　性格心理学研究, *11*, 24-34.
第 3 節　あいまいさへの非寛容と特性的対人ストレスコーピングとの関連性（研究 5）：友野隆成・橋本 宰（2004a）．対人場面におけるあいまいさへの非寛容が対人ストレス過程に与える影響—特性的コーピングによる検討—　日本心理学会第 68 回大会発表論文集, 965.
第 4 節　あいまいさへの非寛容と状況的対人ストレスコーピングとの関連性（研究 6）：友野隆成・橋本 宰（2004b）．対人場面におけるあいまいさへ

の非寛容とストレス過程の関連性—状況的コーピングによる検討— 日本教育心理学会第 46 回総会発表論文集, 159.

第 4 章

第 2 節　抑うつへの影響（研究 7）：友野隆成・橋本 宰（2005d）．抑うつの素質—ストレス・モデルにおける性差の検討：対人場面におけるあいまいさへの非寛容を認知的脆弱性として　健康心理学研究, 18, 16-24.

第 3 節　ストレス反応・ハピネスへの影響—対人的ストレッサーの場合—（研究 8）：友野隆成・橋本 宰（2006）．対人場面におけるあいまいさへの非寛容と精神的健康の関連性について　心理学研究, 77, 253-260.

第 4 節　ストレス反応・ハピネスへの影響—全般的ストレッサーの場合—（研究 9）：友野隆成・小西瑞穂・橋本 宰（2004）．対人場面におけるあいまいさへの非寛容が精神的健康に与える影響　同志社心理, 51, 1-9.

　ところで，本書が出版されるのは，2016 年度がまさに終わらんとしているころであり，博士論文が受理されてからはや 10 年以上もの歳月が流れてしまった。"十年一昔"とよく言ったものであるが，それを鑑みると，本書は完全に旬な出版時期を逸したことになる。

　しかし，あいまいさへの非寛容に関する研究は，とりわけ本邦においては，他のメインテーマの研究で付加的に検討されたり，メインテーマとして実施されていても単発に終わっていたりするなど，同一の研究グループによる系統的な研究が過去に一部見受けられるのみでほとんどおこなわれてこなかった。その理由の 1 つとして，あいまいさへの非寛容という概念が非常に複雑でややこしいものであることが考えられる。本書でも示されたように，クリアな因子構造が得られなかったり，類似した概念との明確な違いが分からなかったり，そもそもあいまいさというもの自体があいまいであったりと，研究の進展を阻む要素の枚挙に暇がない。また，冒頭で紹介した Frenkel-Brunswik（1949）の研究からもうすぐ 70 年が経過しようとしているにもかかわらず，あいまいさへの非寛容研究は現時点においてもパーソナリティ心理学のメインストリームにはなっておらず，少数のテキストに申し訳程度の記述が散見される程度である。

　このような背景もあり，やや熟成させ過ぎた感は否めないが，あいまいさへの非寛容は研究対象としては逸品であると著者は考えているため，岩のように

重い腰を上げて，本書の刊行を決意した次第である．先に述べたように，博士論文提出から10年以上も経過しているため，その間には関連領域の研究知見が積み上げられ，統計分析の手法もブラッシュアップされ，ともすれば本書の内容は時代遅れとの誹りを免れないかもしれない．また，もととなった博士論文は，全体の構成を崩さないようにするために，個々の研究と章立てが一部時系列に添っていないいびつな部分がある．これらはすべて，著者の不徳の致すところである．それを補って余りある魅力が，あいまいさへの非寛容研究にはあるので，忌憚のないご意見・ご批判を賜れれば幸いである．

　今振り返ってみると，多くの方々のお力添えなくしては本書の完成は叶わなかった．

　著者が同志社大学文学研究科（現・心理学研究科）に大学院生として在籍していた当時の指導教員でおられる橋本宰先生には，厳しくも暖かいご指導を学部学生時代から8年間（入学時から数えると，10年以上）もの長きにわたり賜った．繊細で不器用な著者の指導に手を焼き，頭を悩ませることも多々あったことと思うが，博士論文が受理されるまで親身になってご指導いただいた．また，奥様の橋本惠以子先生からも，ことあるごとに励ましのお言葉をいただき，博士論文が完成した暁にはとても喜んでいただいた．この場を借りて，お二人に深謝申し上げたい．

　次に，著者が同志社大学在籍時に，専任教員の立場から様々なかたちでご指導賜った先生方にも感謝申し上げたい．博士論文の副査をしていただいた岡市廣成先生からは実験心理学的な観点から，佐藤豪先生からは臨床心理学的な観点から，それぞれ数多くのアドバイスをいただいた．故・山内弘継先生，鈴木直人先生，内山伊知郎先生，余語真夫先生，青山謙二郎先生からは，本書の原点となっている卒業論文・修士論文の試問会や，博士論文の構想を発表する「研究報告会」で多くのコメントをいただいた．また，授業時間の一部を割いていただき，質問紙の配布・回収にご協力いただいた．記して感謝申し上げる．

　そして，日頃から公私共にお世話になっている同志社大学心理学研究室同窓の諸先輩方，後輩の皆さんにも感謝申し上げたい．橋本ゼミの同門として，石原俊一先生（文教大学），水野邦夫先生（帝塚山大学），福岡欣治先生（川崎医療福祉大学），名倉祥文先生（宇治黄檗病院），野村信威先生（明治学院大学）か

らは，ゼミの時間や学会の時にアドバイスや激励をいただき，小西瑞穂氏（国立成育医療研究センター），中谷陽輔氏（山城こども家庭センターだいわ）には，研究実施の際に色々と手伝っていただいた。また，永野光朗先生（京都橘大学），興津真理子先生（同志社大学），竹原卓真先生（同志社大学），畑敏道先生（同志社大学），芝田征司先生（相模女子大学），田積徹先生（文教大学），石川隆行先生（宇都宮大学），馬場天信先生（追手門学院大学），田中あゆみ先生（同志社大学），田中希穂先生（同志社大学），手塚洋介氏（大阪体育大学），森岡陽介氏（聖カタリナ大学），赤間健一氏（福岡女学院大学），福田美紀氏（同志社大学），中川明仁氏（京都橘大学），髙木悠哉氏（奈良学園大学）からは，院生時代に定期的に開催されていた「大学院研究会」や前述の「研究報告会」，その他いろいろな場面で，ゼミや先輩・後輩の垣根を越えて様々な研究領域からのアドバイスや激励をいただいた。そして，同時期に博士論文を提出することになった上北朋子先生（京都橘大学）からは，お互いの進捗状況を報告し合うことで刺激を与えていただいた。記して感謝申し上げる。

さらに，心理学界の"ナナロク世代"として，学会などで交流のある同世代の心理学者の皆さんにも感謝申し上げたい。荒川歩氏（武蔵野美術大学）からは，同志社大学の学部からの同期として，長きにわたり刺激を与えていただいた。鈴木公啓氏（東京未来大学）からは，学会の委員会活動を通じて著者の研究に関心を示していただき，本書で実施した研究経験を踏まえた内容のテキスト執筆の話をいただいた。大久保智生氏（香川大学）からは，学術図書の書き方および科研費申請など，本書の出版に関わる事項の具体的なアドバイスをいただいた。渡邊伸行氏（金沢工業大学）からは，著者の研究に関心を示していただき，本書にも登場した尺度を用いた共同研究のコーディネートをしていただいた。記して感謝申し上げる。

本書の出版に際しご尽力賜ったナカニシヤ出版の宍倉由高氏には，学会大会中に出版の相談に伺った際に，執筆に関して若干の葛藤を抱えていた著者の背中をぽんと押して下さった。その後，著者の遅々として進まない執筆にやきもきされたかもしれないが，最後まで粘り強くお付き合いいただき，大変お世話になった。記して感謝申し上げる。

その他，紙面の都合上お名前を出すことが叶わなかった，調査にご協力いた

だいた方々，諸先輩方，後輩・実習助手の皆さん，非常勤先でお世話になりました諸先生方，学会等でお世話になりました諸先生方など，潜在的な共同研究者であるすべての方々に感謝申し上げたい。

　最後に，地味な研究活動をこれまで様々なかたちで陰ながら支えてくれた，父 友野希成，母 裕子，妹 志津子，義弟 西川雅喬，甥 虎汰，姪 梨里子，研究が停滞し意気消沈して実家に帰省するたびに，全力で励ましてくれた三十年来の幼馴染の浅野陽介氏，そして，自身も心理学者として，常に研究面と精神面の両側面から支え続けてくれている妻 聡子に感謝を述べつつ，筆を擱きたい。

2017年2月
友野隆成

著者紹介
友野隆成（ともの たかなり）
同志社大学大学院文学研究科心理学専攻博士後期課程修了（2006 年）
現在，宮城学院女子大学学芸学部准教授
主著に，
『パーソナリティ心理学概論』（鈴木公啓（編）ナカニシヤ出版, 2012 年 分担執筆）
『心理学概論［第 2 版］』（岡市廣成・鈴木直人（監）ナカニシヤ出版, 2014 年 分担執筆）
『パーソナリティ心理学ハンドブック』（日本パーソナリティ心理学会（企）福村出版, 2013 年 分担執筆）ほか。

あいまいさへの非寛容と精神的健康の心理学

2017 年 2 月 20 日　初版第 1 刷発行　（定価はカヴァーに表示してあります）

著　者　友野隆成
発行者　中西健夫
発行所　株式会社ナカニシヤ出版
〒606-8161　京都市左京区一乗寺木ノ本町 15 番地
Telephone　075-723-0111
Facsimile　075-723-0095
Website　http://www.nakanishiya.co.jp/
E-mail　iihon-ippai@nakanishiya.co.jp
郵便振替　01030-0-13128

装幀＝白沢　正／印刷・製本＝創栄図書印刷株式会社
Copyright © 2017 by T. Tomono
Printed in Japan.
ISBN978-4-7795-1133-2 C3011

本書のコピー，スキャン，デジタル化等の無断複製は著作権法上での例外を除き禁じられています。本書を代行業者等の第三者に依頼してスキャンやデジタル化することはたとえ個人や家庭内の利用であっても著作権法上認められておりません。